Alfons Bungert

PAULINE VON MALLINCKRODT

Schwester
der Christlichen
Liebe

Echter

Umschlag, Gestaltung: W. Thierfelder
Gesamtherstellung: Fränkische Gesellschaftsdruckerei Würzburg
ISBN 3-429-00671-6

Inhalt

Mit der Mutter in Schwalbach

Im Hause Mallinckrodt zu Aachen war 1834 die Krankheit eingekehrt und wollte sich nicht überwinden lassen. Sie setzte im Februar ein. Pauline, die älteste Tochter, pflegte ihre Eltern: vierzehn Tage den Vater, vier Wochen die Mutter, die danach nicht mehr recht zu Kräften kam, aber nötig gebraucht wurde, und dann noch Georg, den älteren Bruder, der im Juni schwer erkrankte. Eine Mutter überläßt die Pflege des Sohnes, wenn sie sich selber auf den Beinen halten kann, nicht der siebzehnjährigen Tochter, die gerade erst mit Hingabe ihre Eltern gepflegt hat. Frau Bernhardine wachte bei Tag und Nacht an Georgs Bett. Vielleicht hätten ihre Kräfte dafür ausgereicht; die meisten Mütter wachsen ja am Krankenlager eines Kindes über sich hinaus. Jedoch rief nicht bloß der leidende Georg nach seiner Mutter, auch etliche Dienstboten lagen zur selben Zeit krank darnieder und beanspruchten Pflege von ihrer Herrin. Als alle wieder auf den Beinen waren, schrieb Frau Mallinckrodt an ihre Mutter Bernhardine von Hartmann in Borchen:

»Aachen, 12. Juli 1834. Meine geliebte Mutter! Herzlichen Dank für den innigen Anteil, den Sie, meine geliebte Mutter, an uns allen nehmen. Georg ist wieder so wohl, daß er ausfährt. Seine Tag- und Nachtpflege hat mich wohl etwas mitgenommen, obgleich die gute Pauline mich treu unterstützt hat. Die Folge davon war manch andere Plage, denn in fünf Wochen habe ich das Haus nicht verlassen, als um zur Kirche zu gehen. Ich hatte mein Nesselfieber in sehr hohem Grade und laboriere noch daran, besonders am Magenkrampf.

Dr. von Sartorius wünscht für mich ein Stahlbad in Schwalbach (= Bad Langenschwalbach im Taunus), vier Meilen von Coblenz. Pauline nehme ich mit mir ...

Ich denke gegen künftigen Mittwoch abzureisen. So müssen wir das jetzt wirklich glänzende Aachen im schönsten Moment verlassen. Vorgestern haben wir der von Reimann'schen Familie zum Abschied ein Diner von 26 Couverts gegeben, – ich freue mich, daß es überstanden ist ... Wie immer Ihre gehorsame Dina.«

Die Mutter auf dem Gut der Familie von Hartmann in Borchen bei Paderborn[1] teilte mit Frau Mallinckrodt Familienfreuden und -sorgen. Ihr Haus war im Laufe der Jahre eine Stätte, an der sich die Familie Mallinckrodt erholte und häufig Rat und Hilfe fand. Brieflich unterrichtete ihre Tochter sie über die Vorkommnisse im Hause Mallinckrodt. Dabei standen die Kinder meist im Mittelpunkt, und die Briefschreiberin konnte sich, wie in einem Brief aus dem Jahre 1829, zufrieden äußern:

»17. April 1829: Meine innigst geliebte Mutter! ... Paulinchen möchte ich so gern mit zu Ihnen nehmen, sie freut sich zu sehr darauf, auch ist es ihrer Gesundheit so zuträglich. Das Kind plagt sich unglaublich; sie ist, ohne daß wir sie im mindesten angeregt haben, so fleißig gewesen, daß die Lehrerinnen darauf bestanden, sie in die höchste Klasse der Schule hinüberzunehmen. Wir haben nachgeben müssen, doch habe ich einige Stunden dort ausfallen lassen. Zur hl. Kommunion wird sie aber erst gegen Pfingsten gehen, weil sich das jetzt nicht so gut machte. Wir sind mit ihrer Entwicklung sehr zufrieden, wie auch mit den Knaben. Mit dem neuen Schuljahr wird Georg, der Meinung seiner Lehrer nach, dem Gymnasium übergeben werden können. – Ich danke täglich dem Himmel und bitte ihn, uns an den Kindern ferner Freude erleben zu lassen ...«

Die Kinder! Zwei Mädchen und zwei Jungen waren dem Ehepaar Detmar und Bernhardine Mallinckrodt geboren worden, die ersten drei in Minden: am 3. Juni

1817 Pauline, am 21. Oktober 1819 Georg, am 5. Februar 1821 Hermann. Die Jüngste, Bertha, kam am 4. August 1826 in Aachen zur Welt. Den Eltern brachte die Geburt ihrer Kinder nicht bloß Freude; es erwuchsen daraus auch Sorgen. Der streng protestantisch erzogene preußische Staatsbeamte Mallinckrodt hatte sich um seiner fast achtzehn Jahre jüngeren Braut willen mit ihr am 20. August 1816 in Borchen katholisch trauen lassen. Als Oberregierungsrat bei der Regierung in Minden hätte er seine Kinder in der protestantischen Kirche taufen lassen müssen. Ein preußisches Gesetz bestimmte, alle Kinder seien in der Religion des Vaters zu erziehen. Pauline jedoch wurde am 9. Juni 1817 in Minden katholisch getauft. Auch die Söhne, obwohl protestantisch getauft, ließen die Eltern in gegenseitigem Einverständnis katholisch erziehen. Hier mußte die Ursache künftiger Schwierigkeiten liegen, und es machte die Mutter besorgt, auch während der vier kritischen Wochen in Bad Langenschwalbach.

Am 12. Juli 1834 hatte Frau Mallinckrodt ihrer Mutter geschrieben, am 18. Juli reiste sie mit Pauline ins Bad. Dort konnte sie nicht lange darüber im Zweifel sein, daß ihr Leben zu Ende ging. Ein Alter von 47 Jahren hatte sie erreicht, und die Kinder waren noch allzu jung. Nun tat sich erstaunliche Kraft in der Sterbenden kund. Pauline schrieb später nieder[2], wie tapfer die Mutter war und alles in Ruhe und mit dem Blick in die Zukunft bedachte:

»Schon seit längerer Zeit war die Mutter nicht mehr so kräftig wie früher, der Arzt verordnete ihr den Gebrauch des Bades in Schwalbach – ich begleitete sie, ihr Unwohlsein nahm dort zu und gestaltete sich zum Nervenfieber, dessen Keim sie vielleicht durch Anstekkung bei der Pflege eines unserer Dienstmädchen in Aachen erhalten hatte ... Sie starb am 17. August 1834.

Ich bin dem lieben Gott unendlich dankbar, daß er mir die Gnade gab, sie bei Tag und Nacht pflegen zu können und bis zum Tod bei ihr zu sein – es war das erste Mal, daß ich jemand sterben sah – der Eindruck auf meine Seele war groß. – Die hl. Sakramente hatte sie frühzeitig beim Beginn der Krankheit auf ihr entschiedenes Verlangen empfangen – und gab mit der größten Geistesgegenwart mir die Aufträge, wie ich nach ihrem Tode mich verhalten sollte, wie ich stets Gott vor Augen haben möge, Vater Freude machen sollte; meinen Geschwistern möge ich sagen, daß die Mutter Aller in Liebe gedenke und ruhig sterbe; auch sie möchten allezeit gut leben, damit sie einst ruhig sterben könnten. – Sie riet mir, wie ich das Hauswesen einrichten, welche Dienstboten ich entlassen und welche Personen ich dagegen zu meiner Erleichterung den Vater bitten sollte ins Haus zu nehmen, denn da ich noch so jung war und Vater viel Gesellschaft bei sich gab, bedurften wir zuverlässiger und gewandter Leute; sie trug mir auf, stets und überall für gute Ordnung im Hause zu sorgen, ging in ihrer Anordnung so sehr ins Einzelne, daß sie sogar des Leinenschrankes, den ich in Ordnung halten sollte, und der Trauerkleider für die Dienstboten nicht vergaß und sagte, was ich ihnen nach der Mutter Tode geben möge, damit alles in Frieden zugehe. –

Ihre Ringe zog sie von der Hand und band sie an ihre Uhr, hing alles neben das Bett an die Wand und sagte: es würde dir schmerzlich sein, diese Ringe mir als Leiche von der Hand zu ziehen, da sie Euch, meine Kinder, aber als Andenken erfreuen werden, so habe ich sie dorthin gehangen, du kannst sie später nehmen, und gib deinen Geschwistern davon. Sorge gut für die Geschwister und für deinen Vater, mache ihm ja immer Freude. Empfiehl deine Geschwister unserem Beichtvater Claeßen.«

Was ihr die Mutter vor ihrem Tod sagte und wie sie starb, senkte sich tief ins Innere Paulines. Zeitlebens war sie bemüht, den Mahnungen ihrer Mutter zu entsprechen und für ihre eigene Sterbestunde bereit zu sein. So hat das Erlebnis des Heimgangs ihrer Mutter die Tochter Pauline tief geprägt.
Vier Wochen nur blieben den beiden, in denen sie intensiv füreinander da waren, miteinander hofften und fürchteten und dann die Trennung auf sich zukommen sahen, ergeben die Ältere, bangen Herzens und unerfahren die Jüngere. Die Sorge um die Zukunft drängte sich beiden auf. Doch holten sie gewiß auch Vergangenes aus ihrer Erinnerung herauf. Was konnte Pauline schon viel aus ihrer Kindheit in Minden im Gedächtnis behalten haben! Vielleicht war es ihr bewußt geworden, daß 1822 ihr Vater die Staatsdomäne Böddeken, etwa 20 Kilometer südlich von Paderborn, erworben hatte, um fürs Alter vorzusorgen. Aber der Umzug in die ehrwürdige und imposante Stadt Aachen im Februar 1824, nachdem der Vater dort Regierungs-Vizepräsident geworden war, ließ frühe Erinnerungen verblassen. Paulines Schulzeit begann. Zuerst ging sie zu zwei ehemaligen Ordensfrauen am Seilgraben in die Schule. Konsistorialrat Dr. Claeßen bereitete sie auf die erste Beichte vor, als sie danach die St.-Leonard-Schule besuchte. Hier hatte sie Luise Hensel zur Lehrerin und gewann sie zur Freundin fürs Leben. Anna von Lommessen, Clara Fey und Franziska Schervier empfingen in dieser Schule mit Pauline die christliche Grundausrichtung ihres Lebens[3].
Unterbrochen wurde diese schöne Zeit durch den Aufenthalt Paulines in einem konfessionell gemischten französischen Pensionat in Lüttich. Pauline ging im Herbst 1832 dorthin, nachdem sie im Sommer die Heiligtumsfahrt in Aachen erlebt hatte. In Lüttich fühlte

sie sich nicht wohl. Sie beriet sich mit Luise Hensel wegen der Schwierigkeiten, im Pensionat ihre kirchlichen Pflichten zu erfüllen, und kehrte nach einem halben Jahr von Lüttich zurück. Im Elternhaus widerstrebte ihr das gesellige Leben, wie es die Stellung des Vaters mit sich brachte. Zahlreiche Empfänge beeinträchtigten das Familienleben. Darum freuten sich alle, wenn sie für einige Zeit zu Frau von Hartmann nach Borchen fahren und sich dort entspannen durften. Im Herbst 1830 blieb Frau Mallinckrodt mit ihren vier Kindern einen Monat lang bei der Großmutter. Auch andere Ziele gab es für die Familie Mallinckrodt in Westfalen: Dortmund, wo der Vater, Paderborn, wo die Mutter geboren war, das Gut Böddeken und Minden.

Verwandte fanden gastfreundliche Aufnahme, Hilfe und Pflege bei den Mallinckrodts in der Ursulinenstraße zu Aachen. Von einem Besuch in Borchen brachte die Familie im Sommer 1828 Paulines Kusine Mathilde von Hartmann aus Büren mit. In Aachen besuchte sie mit Pauline die St.-Leonard-Schule, lernte mit Pauline tanzen und Französisch sprechen, ging mit ihr zum Kommunionunterricht, kehrte im Sommer 1831 nach Büren zurück und starb dort im Dezember darauf an Typhus. Ebenso brachten Detmar und Bernhardine Mallinckrodt ihren kranken Neffen Christian aus Dortmund im Mai 1830 nach Aachen. Frau Mallinckrodt pflegte ihn bis zu seinem baldigen Tod am 17. Juni. Es war kurz vor der Juli-Revolution, die in Frankreich ausbrach, Belgien erreichte und zu einem unabhängigen Land machte, die deutschen Länder in Unruhe brachte und zum Aufstand in Polen führte. Die Mallinckrodts wurden von diesen Vorgängen nicht betroffen. Getreu erfüllten sie Tag für Tag die anstehenden Aufgaben. Gab es einmal keine Kranken im Haus zu pflegen, meldete sich außerhalb die Not. Die Cholera trat im Sommer 1832 in Aachen auf; Frau Mallinckrodt half dem Frauenverein, dieser Seuche wirksam zu begegnen, und immer wieder nahm sie für einige Zeit Töchter und Söhne ihrer Verwandten in ihren Haushalt auf. Bei all dem blieb dennoch ein bißchen Zeit zum Reisen. Die Reise in die Schweiz lag erst gut ein Jahr zurück, als Pauline mit ihrer Mutter zusammen deren Sterbestunde erwartete.

Das siebzehnjährige Leben Paulines war angefüllt mit heiteren und schmerzlichen Erlebnissen. Liebe und Geborgenheit, die Glaubenskraft reifer Menschen hatten es bis dahin geformt, der Tag der ersten heiligen Kommunion an Pfingsten 1829 blieb unvergessen, und sie war sich dessen bewußt, daß nach dem Tod der sehr verehrten und tief geliebten Mutter das Leben weiterging und erhöhte Anforderungen an sie stellte. Als Zeichen dafür konnte sie nehmen, daß ihr Vater zur Zeit, als sie mit ihrer Mutter ins Bad fuhr, in den Adelsstand erhoben wurde. Doch erst im März darauf traf für ihn und seine Nachkommen das Adelsdiplom ein. Die Gattin wurde davon nicht mehr berührt.

Als leer und traurig hätten Vater und Kinder Mallinckrodt die Wohnung in Aachen erlebt und hielten sich daher während der Ferien bei Großmutter von Hartmann in Borchen auf. Bei der Heimkehr erwarteten die junge Pauline die Pflichten der Hausfrau. Ihrer Großmutter schrieb sie darüber:

»Sonntag, den 22. November 1834.

Teure Großmutter! Sehr gern führe ich jetzt per Eisenbahn nach Borchen und setzte mich mit Euch allen an den sonntäglichen Familientisch, lachte recht herzlich und ließe mir Dein üppiges Diner vortrefflich schmekken, den Hasenbraten äße ich allein auf ... Du lachst am Ende innerlich etwas über mich kindische Person, die soviel Aufhebens von einer an und für sich doch höchst unbedeutenden Sache macht; aber, liebes Großmütterchen, es war auch meine erste große Gesellschaft, – und ganz allein unter 29 Herren zu sein, war mir noch nicht vorgekommen. Ich wußte zuerst gar nicht recht, was ich anfangen sollte. Von meinem Ehrenplatz im Sofa, den ich erst eingenommen hatte, wie sich die Gesellschaft versammelte, sprang ich schnell auf und stellte mich etwas verlegen an einen Spieltisch an der Wand; denn auf dem Sofa sitzen zu bleiben, das kam mir doch gar zu abenteuerlich vor. Nun kam der eine und der andere von den Herren, machte seinen Diener und sprach einige Worte mit mir. Ich freute mich recht, wie es mir endlich gelang, mich dem Herrn Konsistorialrat Claeßen zu nähern und mich ein Weilchen mit ihm zu unterhalten.

Nun wurden die Türen des Speisezimmers geöffnet; ein jeder suchte das Plätzchen, welches ihm am Tische bestimmt war, und ich bekam trotz aller Demonstrationen, die ich vorher schon dem Vater gemacht hatte, den Ehrenplatz in der Mitte des Tisches, neben mir zur rechten Seite der Graf Arnim, zur linken der Obrist von Borke. Anfangs war mir diese Nachbarschaft etwas penibel, weil ich nicht recht wußte, wie ich die beiden Herren unterhalten sollte, nachher ging es ganz gut. Vater meinte, weil ich der Hausfrau Stelle vertrete, müßte ich auch ihren Platz einnehmen; mir kam das nicht so vor, dem Vater gebührt die erste Stelle ...«

Dem Vater zulieb trat sie nicht ihrem Verlangen gemäß in einen Orden ein. Nachdem sie die Werbung ihres Verwandten Fritz von Coffrane abschlägig beschieden hatte, war in ihr die Neigung zum Ordensberuf erwacht. In einem Brief an Luise Hensel vom 7. Juli 1840 ist darüber zu lesen:

»... Ich geriet in einen Kampf mit allen meinen Gefühlen; denn was der Verstand einsah, dem widersprach das Herz. Zudem war meine Neigung, der äußeren Verhältnisse wegen, gegen des Vaters Wunsch. So wogte es furchtbar in meinem Innern, ich konnte und konnte mich nicht entschließen, dem Freunde ›Lebewohl‹ zu sagen. – Da wurde ich gefirmt – 1835 – und Gott gab mir die Kraft, etwa acht Tage nachher, ihm Lebewohl zu sagen ... es ging mir ein neues Leben auf – ein höheres möchte ich sagen –, ich wollte keinen Tausch mehr gegen das frühere eingehen ...«

Da der Vater auch dem Ordensberuf widerstand, schickte er seine älteste Tochter 1835 und 1836 auf Reisen durch Belgien und nach Paris und hielt sich mit ihr jährlich zu den Herbstferien in Borchen auf, bis die Großmutter, fünfundachtzigjährig, 1837 auf ihrem Rittergut in Borchen gestorben war und Pauline sich noch mehr auf sich selbst gestellt sah.

Was die Mutter in Schwalbach wohl nur geahnt hatte, traf nun ein. Am 20. November 1837 wurde der Kölner Erzbischof Clemens August von Droste-Vischering verhaftet und auf die Festung Minden gebracht, weil er gegen das Mischehengesetz von 1825 entschieden protestiert hatte. Unter dem Vorstand Paulines gründeten Katholikinnen in Aachen den Jungfrauenbund und bekämpften ebenfalls dieses Gesetz. Detmar von Mallinckrodt wurde deswegen und aufgrund der katholischen Erziehung seiner Kinder von der Regierung übergangen, als in Aachen der neue Regierungspräsident zu ernennen war. Schon bei der Taufe Paulines hatte der Vater seine Amtsenthebung riskiert. Seine Verdienste für Preußen und seinen König während der napoleonischen Zeit zählten nicht mehr. Was blieb ihm anderes, als an seinen Abschied zu denken? Im Juni 1839 verließ er mit Pauline Aachen und zog sich nach Böddeken zurück. Die Söhne studierten, Bertha blieb in Aachen und wohnte in einer Pension. Den Winter verbrachte die Familie im neu erworbenen Hartmannschen Haus in Paderborn. Aber der Vater konnte nicht mehr lange ihr Mittelpunkt sein: am 4. April 1842 beendete er seinen irdischen Lebensweg, und Pauline durfte ehrlichen Herzens sagen, daß sie ihr der Mutter gegebenes Versprechen gehalten hatte.

Die Eltern: Berhardine von Mallinckrodt geb. von Hartmann, Detmar von Mallinckrodt
Luise Hensel
Pauline von Mallinckrodt: Jugendbildnis
Erstes Blindenhaus
Busdorfkirche
Bischof Conrad Martin
Mutterhaus der Schwestern der Christlichen Liebe in Paderborn
Blick in die Conraduskapelle mit der Grabstätte Mutter Paulines

Mutter der blinden Kinder

Ludwig Freiherr von Vincke besuchte 1841 Paderborn. 1795 war er in den preußischen Staatsdienst getreten, arbeitete als Landrat unter dem Freiherrn vom Stein, hielt seinem König während der Ära Napoleon die Treue und bekam nach dem Wiener Kongreß den Posten des ersten Oberpräsidenten der neugegründeten Provinz Westfalen. Hochgeachtet war er im Lande, die Leute schätzten seine große Güte zu Armen und Kranken. Pauline von Mallinckrodt wußte, daß der Oberpräsident nach den Kriegen gegen Napoleon in Münster ein Haus für erblindete Soldaten hatte errichten lassen, und trug ihm Pläne zur Hilfe für blinde Kinder vor, wobei sie hoffte, der ihr gleichgesinnte hohe Beamte werde sie unterstützen. Fräulein von Mallinckrodt hatte sich darin nicht getäuscht. Mit dem Paderborner Kreisarzt Dr. Hermann Joseph Schmidt zusammen verfaßte sie am 6. Januar 1842 einen Brief und regte an, aus den kleinen Anfängen in Paderborn ein Blindeninstitut zu errichten:
»Wir haben nur wenig Geld, viel guten Willen, hinreichende Nahrungsmittel, Kleidungen, ein Local ..., eine enthusiastische, dabei höchst genügsame Lehrerin, Bücher über Blindenunterricht, einige Preßschriften, eine Rechenmaschine, kurz alles, was zu einem kleinen Anfang gehört ...« Als Ziel für die Blinden gaben die Schreiber an: »Wir würden nach Kräften für ihre Erziehung und ihren Unterhalt sorgen und es versuchen, ob es möglich ist, sie so weit zu bringen, daß sie künftig ihren Lebensunterhalt sich selbst verdienen können.« Der Herr Oberpräsident sollte den beiden für die Aufgabe Bereiten zu den finanziellen Mitteln verhelfen und außerdem drei bis sechs blinde Kinder für den Anfang in ihre Obhut geben.

Für Fräulein von Mallinckrodt war die tätige Sorge für arme Mitmenschen kein Neuland. Schon in Aachen hatte sie in den Jahren 1837 bis 1839 Arme und Kranke betreuen helfen. In Paderborn setzte sie diese Tätigkeit fort. Als der Franziskanerpater Henricus Goßler am 21. November 1839 den »Frauenverein zur Pflege der armen Kranken in ihren Häusern« gründete, fand sich Pauline für diese Arbeit bereit und übernahm den Posten der Schriftführerin des Vereins. Von Mai 1840 an leitete sie eine »Kinderbewahranstalt«. Mit acht Kindern kranker Mütter begann sie und war für sie ständig auf der Suche nach einer Bleibe, bis ihr Bischof von Ledebur-Wicheln 1841 einige Zimmer im säkularisierten Kapuzinerkloster überließ. Diese Kinderbewahranstalt, damals ein Pionierwerk in der Betreuung armer Kinder, fand ein gutes Echo. Der Provinz-Landtag in Münster unterstützte sie, in Paderborn gab es vor Weihnachten Konzerte zugunsten des Kinderasyls.
Dr. Schmidt sah hierin eine Chance für blinde Kinder. Als Leiter des Landeshospitals behandelte er Augenkranke und kannte das Elend blinder Kinder. Bei Pauline fand er ein offenes Ohr, zumal er eine Schulfreundin Paulines, Maria Everken, zur Frau hatte. Er empfahl dem Fräulein von Mallinckrodt, blinde Kinder in ihr Haus aufzunehmen, und der Paderborner Bierbrauer Honselmann stiftete dafür spontan 100 Taler. Freiherr von Vincke schickte 1842 nacheinander fünf blinde Mädchen zu Pauline von Mallinckrodt ins Paderborner Kapuzinerkloster. Damit begann Mitte 1842 die »Privatblindenanstalt zur Erziehung und zum Unterricht für blinde Kinder« unter Leitung des Fräuleins von Mallinckrodt ihre Arbeit.
Bis dahin hatte Pauline mit ihrer Familie zusammengelebt. Im Sommer 1841, so schildert sie, wohnte die Familie meist in Böddeken, dem erst zu Beginn des Jahr-

hunderts säkularisierten Frauenkloster, das Meinolf, der erste Heilige aus dem Stamm der Sachsen, im 9. Jahrhundert gestiftet hatte. »Wir waren in Böddeken zu 8 jungen Mädchen, wie munter und fröhlich es dort zuging. Einige der jungen Damen machten mit meinem Bruder manchmal eine Whistpartie, bei deren Schluß ich jedesmal dadurch erfreut wurde, daß mir die Gewinnenden den Betrag für die Schule schenkten. Es war mir eine rechte Freude, Bertha dorthin führen zu können, und ich war so froh, wie ihr unsere kleinen, armen Kinderchen gefielen; sie hat uns während unseres Besuchs recht freundlich für die Christbescherung arbeiten helfen. Sie wundern sich gewiß, daß wir im September schon an Weihnachten denken; indeß für 80 bis 90 Kinder muß früh zu sorgen begonnen werden, wenn alle sich freuen sollen; es war, als sei in Böddeken eine förmliche Strickschule etabliert, wo ein Kinderstrümpfchen nach dem andern fertig wurde ...«, so schrieb Pauline am 7. Oktober 1841 an Professor Schlüter in Münster.

Der Tod des Vaters und die blinden Kinder brachten im Jahr darauf eine Wende. Anfang 1842 hatte Pauline auf der Brede in Brakel bei Pfarrer Tewes ihre ersten Exerzitien gemacht; im August und September reiste sie nach Aachen zu Clara Fey, besuchte Luise Hensel, die Diakonissinnen in Kaiserswerth und das Sacré-Coeur-Kloster in Jette bei Brüssel. Sie wollte für ihre Arbeit lernen und sich über ihren Eintritt ins Kloster klarwerden. Unterdessen gründete Pater Goßler, den Pauline schon von ihren Ferienaufenthalten bei der Großmutter in Borchen her kannte, eine neue Klarissen-Gemeinschaft. Diese hatte jedoch keine Zukunft und erwies sich auch für Pauline nicht als der richtige Weg.

Als fünfte Blinde kam im Dezember »Margretchen«. Pauline, die in den Elementarfächern und in Handarbeit die blinden Kinder unterrichtete und zum größten Teil aus eigenen Mitteln die Privat-Blindenanstalt unterhielt, schrieb über Margretchen an ihre Kusine: »Das arme Geschöpf ist hier aus Paderborn, 18 Jahre alt, und sollte mit aller Gewalt simple sein; es wurde nämlich Tage lang ins Bett gestopft und in der Stube zugeschlossen, während die Mutter des Unterhalts wegen herausging; keiner kümmerte sich darum, und kam es bei schönem Wetter mal an die Thür, so wurde es seiner gräulichen Unbeholfenheit wegen von den Straßenjungen verlacht, wodurch es immer schlimmer wurde; es hat weder gebeichtet, noch communiciert. H. Doktor wollte zuerst gar nicht gern was mit dem Mädchen zu tun haben, meinte, dafür könnte man auch eine gescheite Person aufnehmen; indeß zuletzt gab er meinen wiederholten Bitten nach, und jetzt nach 14 Tagen liefern wir schon den Beweiß, daß das Kind durchaus nicht simple ist; es erzählt mir bereits in Hochdeutsch kleine Geschichten nach und folgert richtige Schlüsse; ich bin so froh, daß wir das arme Ding aus seinem Vegetieren retten und es zum Menschen machen können.«
Bis zu ihrem Tod 1896 blieb diese Margaretha Feichtler im Heim und hing mit ganzem Herzen an ihrer Mutter Pauline, die ihrerseits gerade an diesem armen Menschen ihre Liebe zu den Blinden in überzeugender Weise erwies. Sie half ihr zu einem menschenwürdigen Leben und bereitete sie sowohl auf das Bußsakrament als auch auf die erste heilige Kommunion vor.
Zu Beginn des Jahres 1843 betreute Pauline 117 Kinder. Sie wollte bei den Vincentinerinnen eintreten und bat Luise Hensel, ihr bei der Arbeit in Paderborn zu helfen; der Kindergarten sollte in die Obhut der Vincentinerinnen übergehen. Am 1. Juli lösten die Geschwister

von Mallinckrodt ihren Haushalt auf und verkauften ihr Haus in der Stadt. Georg übernahm Böddeken, die anderen drei reisten drei Monate durch Deutschland, Österreich, Oberitalien und die Schweiz, um Häuser von Wohltätigkeitsverbänden, vor allem Blindenanstalten zu sehen und Kontakte zu finden. Mit den Blindenpädagogen Lachmann in Braunschweig und Stumpf in München knüpfte Pauline Verbindung an. Bei Lachmann bestellte sie Blindenfibeln und unternahm Druckversuche für Blinde. Ihr Vorhaben, bei den Vincentinerinnen, den Barmherzigen Schwestern, einzutreten, gab sie auf den Rat Kellermanns, des späteren Bischofs von Münster, hin auf.
Mit Dr. Schmidt, der seit Ende 1843 in Berlin als Medizinalrat im Kultusministerium und Universitätsprofessor tätig war, reichte Pauline von Mallinckrodt im Februar 1844 den Entwurf für das »Statut der Privat-Blindenanstalt zu Paderborn« ein, bekam vom Landtag 400 Taler für das Institut bewilligt und ihr Statut am 18. Juni von Berlin genehmigt. Als Zweck der Anstalt sah das Statut vor: 1. Erziehung und Unterricht, 2. Verpflegung und Beschäftigung der unheilbar Blinden. Oberpräsident von Vincke ermutigte Pauline und besorgte ihr sogar ein Haus für ihr Institut. Leider erwies es sich als unbrauchbar und wurde verkauft.
Zum 50. Dienstjubiläum hätten die Landstände ihrem Oberpräsidenten gern einen großen Wunsch erfüllt und die Paderborner Privat-Blindenanstalt als Provinz-Anstalt übernommen. Von Vincke starb vor seinem Jubiläum am 2. Dezember 1844, doch hielt die Provinzialverwaltung an ihrem Plan fest und errichtete mit Genehmigung des Königs die neue Anstalt, die den Namen von Vinckes trägt, in zwei konfessionell getrennten Abteilungen: die evangelische in Soest, die katholische in Paderborn. Die Soester Anstalt wurde am 15.

März 1847 eröffnet, die Umwandlung der Paderborner Privat-Blindenanstalt brauchte Zeit.
Um bei ihren blinden Kindern zu sein, bezog Pauline mit Erlaubnis des Bischofs Franz Drepper am 1. August 1845 zwei Zellen des Kapuzinerklosters. Es gelang ihr aber nicht, das Kapuzinerkloster als Anstaltsgebäude zu bekommen, ebensowenig, dem Sacré-Coeur-Orden die Leitung der Anstalt zu übertragen und selbst in diesen Orden einzutreten. Da der Bischof das Kapuzinerkloster als Knabenseminar vorsah, mußte Pauline sich nach einem neuen Heim umschauen. Während der Kindergarten zunächst in den gewohnten Räumen blieb und erst am 17. April 1847 weichen mußte, zogen die Blinden schon am 7. September 1846 um. »Endlich fand ich in einem Gartenhaus vor der Stadt für meine armen Blinden, die Kleinkinderbewahranstalt und mich ein Plätzchen. Das Haus gehörte meinem Onkel, Banquier Fritz von Hartmann, und lag in einem großen schönen Garten – eine reizende Besitzung; – aber es war eben nur ein Gartenhaus, für den Sommeraufenthalt einer sehr kleinen Familie eingerichtet. Für 80 Personen mußte jetzt die Küche darin geführt werden, und sie waren den Tag über da, circa 60 arme kleine Kinder. Etwa 20 Personen schliefen darin, nämlich: die Blinden, die für sie Sorgenden, die Lehrerin der Verwahrschule, die nötigen Dienstboten und ich.« So sagen es die Aufzeichnungen Mutter Paulines.
Von 6000 Talern, die der am 5. Januar 1847 gestorbene Pastor Adami der Privat-Anstalt vermacht hatte, kaufte Pauline den Meyerschen Garten vor dem Kasseler Tor. Gegen den Kauf sprach Herr von Bodelschwingh, der Vorsitzende der Ständischen Kommission, weil die Vermögensverhältnisse der Provinzialanstalt noch nicht geklärt waren; er hätte gern die Hälfte der 6000 Taler für Soest gehabt. Fräulein von Mallinckrodt han-

delte auf eigene Faust und kaufte im Mai auch das Gartenhaus ihres Onkels Fritz, weil sie bereits entschlossen war, eine eigene religiöse Genossenschaft für die Aufgaben an den blinden Kindern zu gründen. Sie übergab am 13. August das Privat-Blindeninstitut mit seinem gesamten Vermögen von 18 600 Talern der katholischen Abteilung der von Vinckeschen Provinzial-Blindenanstalt. Am 6. Dezember fand die Eröffnungsfeier statt, die Provinzial-Anstalt begann ihre Arbeit unter Leitung des Fräuleins von Mallinckrodt.

Der Plan, eine eigene Genossenschaft zu gründen, war inzwischen gereift. Zugeraten hatten Weihbischof Claeßen von Köln, Paulines Beichtvater in ihrer Aachener Zeit, Pfarrer Schmidt von der Busdorfkirche, der seit dem Weggang von Pater Goßler ihr Beichtvater war, Pfarrer Tewes, bei dem sie wiederholt Exerzitien machte, und Generalvikar Boekamp, der dem Kuratorium der Provinzial-Anstalt angehörte. Auf dem am Kasseler Tor erworbenen Gelände konnte das Mutterhaus errichtet werden. Bischof Drepper stimmte zu, genehmigte auch die Statuten; die Stände in Münster erklärten sich einverstanden. Nur Oberpräsident von Bodelschwingh zögerte mit der Genehmigung. Da erreichte es Fräulein von Mallinckrodt, daß eine Kabinetts-Ordre vom 24. Februar 1849 die Statuten genehmigte und den künftigen Schwestern Korporationsrechte verlieh. »Genossenschaft der Schwestern der Christlichen Liebe« wollten die vier Frauen des Anfangs: Pauline von Mallinckrodt, Maria Rath, Elisabeth Schlüter und Mathilde Kothe[4] als Namen für ihre Gemeinschaft tragen. Pfarrer Tewes hielt den vier Frauen Exerzitienvorträge, und Bischof Franz Drepper kleidete sie am 21. August 1849 in der Busdorfkirche, der sie zugehörten, ein. Am 4. November 1850 legten sie ihre Gelübde ab. »Es ist mein fester Vorsatz, in dieser

Genossenschaft zu leben und zu sterben, so sprach ich, und Alles zu meiden, was meinen hier erklärten Willen wankend machen könnte. Ich gelobe die geistlichen Räthe der Armuth, der Keuschheit und des Gehorsams nach der in der Genossenschaft üblichen Weise. Ich sagte, daß ich dem Bischof und seinem Stellvertreter, der Mutter und ihren Stellvertreterinnen pünktlich und willig folgen wolle. Sollte also der Bischof eine andere zur Oberin bestellen, so habe ich mich ihr zum Voraus von ganzem Herzen unterworfen ... Ich erklärte: dem Dienst der Blinden, der Kinder, der Hülfsbedürftigen meine Zeit und Kräfte, Gesundheit und Leben weihen zu wollen. – Lieber Gott, hilf mir dazu! – Ein Opfer Deiner hl. Liebe möchte ich werden, mich verzehren im Dienste der Nächstenliebe ...« schrieb Mutter Pauline von ihrem Gelübde in ihren Aufzeichnungen.

Der bischöfliche Freund

Paderborn entfaltete festliche Pracht, Scharen von Menschen waren zum Dom hin unterwegs. Die Kirche von Paderborn beging mit der ihr eigenen Feierlichkeit einen großen Tag. Ihr neuer Bischof, am 29. Januar 1856 gewählt, empfing die heilige Weihe, und von Köln war eigens Kardinal von Geissel gekommen, um den Erwählten, Professor Dr. Konrad Martin, zu weihen. Die Chronik der Schwestern der Christlichen Liebe hielt das Ereignis fest:

»Die Bürger der Stadt, die Bewohner des Landes – das Domcapitel, die Pfarrgeistlichkeit, die geistl. Orden, die Seminarpriester, die Professoren, die Geistlichkeit der Diözese – der Adel der Umgegend, der Oberpräsident, die hochstehenden Beamten – die Honoratioren der Stadt – Reich und Arm, Gross und Klein, Männer und Frauen strömten zu der Feier desselben im Dom zusammen. Grossartig, schön und erhebend waren die Ceremonien der Feier. Der Hochw. Herr Erzbischof und Cardinal von Cöln und der Hochw. Herr Bischof von Paderborn Dr. Conrad Martin lasen an einem freistehenden Altare zugleich die hl. Messe und genossen bei der hl. Communion das hl. Blut aus einem Kelche. In lateinischer Sprache mußte der zu Consecrierende ein Examen bestehen und seinen Glauben bekennen ... Die kirchliche Feier wurde durch auserlesene Musik gehoben ... Unsere Congregation nahm wie alle übrigen Orden der Stadt an dieser kirchlichen Feier theil. – Ein schöner Fackelzug und die Illumination der Stadt erhöhten den Jubel des Festes.«

Mit gespannter Erwartung sah die junge Kongregation der Schwestern der Christlichen Liebe dem neuen Herrn und Vater entgegen. Kein Jahrzehnt war vergangen, seit sein Vorgänger, Bischof Franz Drepper, Pau-

line von Mallinckrodt zur Gründung der neuen Gemeinschaft ermutigt und das Gelübde der ersten vier Schwestern entgegengenommen hatte. Am 5. November 1855 beklagten die Schwestern seinen Tod und wußten, daß sie nun von der Huld des Nachfolgers abhingen. Für den verstorbenen Bischof und für den kommenden beteten sie und feierten den Tag der Weihe, den 17. August 1856, froh und hoffnungsvoll mit. Bald schon vermerkten sie in der Chronik:
»Gott hätte der Diözese keinen geeigneteren Bischof schenken können, als er ihn uns in diesem seeleneifrigen Geistesmanne gegeben hat; er paart strengen Ernst mit väterlicher Milde, Würde mit tiefer Demuth, Geist und Verstand mit liebenswürdigem Gemüth. – Als Hauptsorge beschäftigt ihn die Regierung seiner ausgedehnten Diözese; aber auch das Kleine findet in seinem väterlichen Herzen wohlwollende Theilnahme. – Auch unserer Congregation wandte er seine väterliche Güte zu. Bei feierlichen Gelegenheiten hatten wir das Glück, ihn an unserem Altare zu sehen.«
Das sind gute Worte über einen Bischof. Die Schwestern brauchten die Hilfe ihres Bischofs und suchten sie. Inzwischen hatte ihre Kongregation zu wachsen begonnen: 1851 übernahmen die Schwestern der Christlichen Liebe eine Mädchenschule in Dortmund; in Paderborn bauten sie ein Haus für sich und ihre Blinden, in Steele betreuten sie seit 1851 das Waisenhaus. 1854/55 erstand das neue Mutterhaus im Hartmannschen Garten zu Paderborn, 1854 schickte Mutter Pauline Schwestern für eine Schule nach Solingen. Weihbischof Freusberg weihte am 28. Dezember 1855 die Kirche des neuen Mutterhauses. Und weiter ging es: 1857 kam eine Mädchenschule in Anrath dazu, 1858 wurde den Schwestern ein eigener Friedhof beim Mutterhaus genehmigt. Im selben Jahr gab Mutter Pauline Schwe-

stern her für Schulen in Witten und Sigmaringen. An Schwestern dafür mangelte es nicht, immer neue Bewerberinnen meldeten sich. Bischof Konrad Martin kleidete die neuen Schwestern jeweils im Mutterhaus ein, er gab ihnen Unterricht und kam zur Visitation. Mitte 1857 gab es 45 Schwestern und sechs Filialen. 30 blinde Kinder lebten in der Paderborner Anstalt.
Mutter Pauline wollte dem Werk eine stabilere Grundlage geben und mühte sich um die Bestätigung durch Papst Pius IX. Die Romreisen des Bischofs kamen ihr dafür gelegen. Sie verfaßte die Konstitutionen und gab dem Bischof 1859 ihre Bittschrift mit nach Rom. Auch das Ansehen des Kardinals von Geissel warf sie in die Waagschale. Sie schrieb ihm:

»Paderborn, den 21. 4. 1858

Euer Eminenz
erlaube ich mir, in der Anlage vidimirte Abschriften der Zeugnisse der Herrn Pastöre über das Wirken unserer Schwestern in den betreffenden Pfarreien der Erzdiözese gehorsamst zu überreichen mit der ehrfurchtsvollen Bitte: Euer Eminenz mögen die Gewogenheit haben, uns durch ein von Ihnen ausgestelltes Zeugniß zu erfreuen, welches in Rom vorgelegt werden kann.
Ich danke Ihnen verbindlich für die väterliche Güte, welche Sie bei unserer Anwesenheit in Coeln für uns hatten und werde Ihrer gütigen Erlaubniß gemäß vielleicht noch so frei sein, Euer Eminenz später, wenn die Zeit der Abreise unseres Hochwürdigsten Herrn Bischofes nach Rom nahet, um eine besondere Empfehlung der Sache in Rom gehorsamst zu bitten.
Gestatten Euer Eminenz die Versicherung meiner tiefen Ehrfurcht

Euer Eminenz
gehorsame Dienerin
Schwester Pauline von Mallinckrodt.«

1859 brachte Bischof Konrad aus Rom die päpstliche Anerkennung der Kongregation mit – das Dekret der Approbation wurde am 21. Februar 1863 ausgestellt –, aber die Konstitutionen sollten in einigen Punkten geändert werden. 1862 nahm der Bischof die Änderungsvorschläge mit nach Rom. Die päpstliche Genehmigung der Konstitutionen – auf zehn Jahre – wurde erteilt, als Bischof Konrad im Sommer 1867 zur 1800-Jahr-Feier des Martyriums der Apostel Petrus und Paulus nach Rom kam. Am 25. Juli konnte der Bischof die römische Akte Mutter Pauline übergeben. Damit hatte sie fürs erste ein bedeutendes Ziel erreicht.
Wie sehr Bischof Konrad von Anfang an der Kongregation verbunden war, wie die Schwestern und besonders Mutter Pauline ihn schätzten und seine Hilfe erbaten, läßt sich aus ihren Briefen erkennen. Folgendes schrieb sie ihrem Bischof in der Zeit des Aufbaus:

»Paderborn, den 21. Juni 1858

Bischöfliche Gnaden!
Hochwürdigster Herr Bischof!
Es ist mir eine wahre Freude, Ihnen nach so langer Zeit einmal wieder einen recht herzlichen Gruß zu bieten und Sie ehrfurchtsvoll um Ihren Segen bitten zu dürfen. Möge Gott Ihnen recht viel Segen und Freude in dem lieben Sachsen geben! Wie ist es Ihnen bei der großen Wärme ergangen? Sorgen Sie doch ja recht für Ihre Gesundheit. In unserem Kapellchen wird von den Schwestern täglich zu wiederholten Malen für Sie, unsern theuern Oberhirten und Vater, gebetet. Möge Gott Sie uns recht lange erhalten und Sie stets unter Seinen besonderen Schutz nehmen.
Schwester Anna und ich sind vor ein paar Tagen von unserer Reise heimgekehrt, und Gottes Segen war in reichstem Maße mit uns. Es hat uns in Sigmaringen und

in Baden ungemein gefallen. Ich beeile mich, Ihnen Mittheilung von dem Ausgang unseres Geschäfts zu machen. Das Uebereinkommen mit der Regierung scheint mir ein befriedigendes. Ungemein freut mich die große Güte des Hochwürdigsten Herrn Erzbischofs von Freiburg, welcher eine ganz besondere Freude an der Sache hatte und sagte, er hoffe, wir kämen auch nach Baden. Er hat uns mit geistigen Gütern und Gnaden überhäuft, bewilligte uns eine Hauskapelle, worin die hl. Messe gelesen, das hl. Altarssakrament gespendet und aufbewahrt werden darf, einen eigenen Begräbnißplatz etc. Das betreffende Document bin ich so frei, Ihnen bei Ihrer Rückkehr vorzulegen. Der Hochw. Herr Erzbischof empfiehlt sich Ihnen herzlich und läßt Ihnen sagen, Er würde sich glücklich schätzen und es für eine besondere Gnade ansehen, wenn Sie ihn auf Ihrer Reise nach Rom besuchten. Dies sind seine eigenen Ausdrücke: er möchte Sie so gern kennen lernen ... Wir nahmen den Weg von Sigmaringen über Heiligenberg und Mersburg zum Bodensee, fuhren mit dem Dampfschiff nach Constanz und dann den Rhein hinunter bis Schaffhausen, erfreuten uns dort am Rheinfall, kamen durch schöne Schweizer- und Badische Gegenden nach Waldshut, wo wir die Eisenbahn wieder gewannen und mit ihr in Freiburg anlangten. Es ist gar schön in Süd-Deutschland und es wird Ihnen dort ungemein gefallen. Die nähere Erzählung unserer Reise behalte ich mir bis zur mündlichen Unterredung vor.«
In diesem umfangreichen Brief ging es um die Niederlassung in Sigmaringen, die auch der Zustimmung des Paderborner Bischofs bedurfte. Für die Erziehung der Mädchen brauchte man im »Hohenzollernschen Ländchen« Paderborner Schwestern, damit sie den Mädchen nach deren Schulzeit einen Halt gäben. Mutter Pauline legte ihren wohldurchdachten Finanzierungsplan vor.

Dabei war sie, wie in allen ihren Unternehmungen, von einem starken und bewundernswerten Gottvertrauen getragen. Ein Haus hatte sie schon gekauft und brauchte dazu noch die Genehmigung des Bischofs für den Kauf und für den Kontrakt mit der Regierung von Sigmaringen. Also fuhr sie in ihrem Brief fort:
»Verzeihen Sie, daß ich Ihnen auf der Reise so viele Mühe veranlasse – aber da mir die Sache sehr am Herzen liegt, verlange ich sehr zu wissen, ob sie auch Ihnen, unserem theuern Vater und Hochwürdigsten Herrn, genehm und lieb ist ... Ich würde ungemein froh sein, wenn Euer Bischöflichen Gnaden die Güte hätten, mich recht bald durch eine, wenn auch ganz kurze Antwort zu erfreuen und wünsche lebhaft, daß Ihnen die ganze Sache lieb sein möge. Sie wissen ja, welch großen Werth ich darauf und auf Ihren Segen lege, um welchen ich herzlich für alle meine lieben Schwestern, für mich und alle unsere Arbeiten bitte.
Gestatten Euer Bischöflichen Gnaden die Versicherung meiner vollendeten Hochachtung und der ehrfurchtsvollen Gesinnung

Euer Bischöflichen Gnaden
dankbare und gehorsame Dienerin und Tochter
Schwester Pauline von Mallinckrodt
von der Genossenschaft der Christlichen Liebe.«

Der Bischof stand der Oberin der Kongregation wohlwollend und helfend zur Seite, die Schwestern konnten in ihre Aufgaben hineinwachsen. 1859 eröffneten sie eine Töchterschule in Konstanz, 1860 übernahmen sie den Haushalt im Theologenkonvikt zu Paderborn, das Haus Nazareth in Höxter und eine Schule in Viersen/Rheinland, 1862 Schulen in Magdeburg und Krefeld, 1863 eine Mädchenschule in Oschersleben und ein Waisenhaus in Solingen. Das Haus in Höxter war das ärmste von allen. In einem Brief vom 27. 4. 1860 an Schwester Mathilde bekundet Mutter Pauline ihre Sorgen: »Vielleicht gehe ich in diesen Tagen nach Hoexter – ja, von der Sache ist mir auch der Kopf so voll ... was jetzt mit dem Haus Nazareth wird, ist ganz unentschieden ... Ich habe eine ganz heillose Angst vor Hoexter und Fanny Schiffers Haus – eine ganz furchtbare Angst – und weiß noch gar nicht, was es geben soll ... Der liebe Gott wird schon Alles fügen, wie es gut ist...« In Paderborn ließ Mutter Pauline zwischen 1863 und 1865 den Westflügel des Mutterhauses, das St.-Josephs-Kapellchen und die St.-Conradus-Kapelle – nach einem Konstanzer Bischof benannt – erbauen, den Friedhof anlegen und die Ringmauern errichten. Im Sommer 1864 erkrankten viele Schwestern, einige starben, unter ihnen Schwester Maria Rath, die zu den ersten vier gehört hatte.

Am 1. Mai 1866 weihte der Bischof die St.-Conradus-Kapelle, den Friedhof der Schwestern, die Immaculata-Statue und den Westflügel des Mutterhauses. Am 16. Juli nahm er die Ewige Profeß der Schwestern Pauline von Mallinckrodt, Mathilde Kothe, Anna von Eichstädt, Augustine Ficke und Walburga Heggen entgegen. Mit ihren vier Assistentinnen hatte Pauline das von den Konstitutionen vorgeschriebene dritte Noviziat im April begonnen; wegen des Krieges zwischen Preußen und Österreich wurde es vorzeitig beendet.

Der Aufgabenbereich erweiterte sich, 1867 kam die Mädchenschule in Soest hinzu, 1869 die in Unna, 1870 ein Stift in Dresden, 1871 die Krim-Schule in Dortmund. Als 1872 der Kulturkampf begann, wirkten die Schwestern der Christlichen Liebe in dreizehn Elementarschulen, neun höheren Mädchenschulen, drei Pensionaten, sechs Handarbeitsschulen, vier Bewahrschulen und vier Waisenhäusern sowie in der Blindenschule

zu Paderborn. Nach Ausbruch des deutsch-französischen Krieges 1870 gingen etliche Schwestern nach Herzogenrath und pflegten dort Verwundete. Bereits 1868 waren die Schwestern ins Josephshaus, nahe beim Mutterhaus gelegen, eingezogen. Zweimal lag Schwester Pauline schwerkrank darnieder. Beharrlich und ausdauernd beteten die Schwestern 1869/70 für das Erste Vatikanische Konzil, zu dem ihr Bischof am 5. November 1869 abgereist war. Bei seinem Beginn am 8. Dezember erneuerten sie ihre Gelübde. Es sollte ihnen nicht leichtfallen, sie getreu zu erfüllen.
Erste Ahnungen der heraufziehenden Sorgen gaben 1869 die Schwierigkeiten, die eine der Kirche gegenüber unfreundlich gesinnte Regierung in Karlsruhe dem Konstanzer Haus der Schwestern machte. Mutter Pauline suchte in dieser Bedrängnis die Großherzogin von Baden in Berlin auf, aber erst ein Gespräch mit dem Ministerpräsidenten Jolly in Karlsruhe brachte vorläufigen Erfolg. Wie ein Sturm brach 1872 der Kulturkampf über die Schwestern der Christlichen Liebe herein. Die meisten ihrer Niederlassungen in Deutschland gingen dabei verloren; das Mutterhaus in Paderborn konnten sie nur noch mietweise bewohnen. Mutter Pauline richtete in Mont Saint Guibert bei Brüssel ein neues Mutterhaus ein. Durch Gottes Fügung fand sich für die Schwestern aus den aufgelösten Häusern ein neues Arbeitsfeld in Nord- und Südamerika.
Bischof Konrad bekam den Kulturkampf hart zu spüren. An Ostern 1874, dem 6. April, führten die beiden Brüder Paulines, Georg und Hermann, eine Kundgebung katholischer Männer des Paderborner Landes für ihren Bischof an, am 4. August nahm man den Bischof gefangen. Preußen und andere deutsche Länder zwangen die katholische Kirche nach dem Konzil, das das Dogma von der Unfehlbarkeit des Papstes verkündet

hatte, sich scharf mit der modernen Kultur und den Ansichten des Liberalismus auseinanderzusetzen. 1871 wurde die katholische Abteilung im preußischen Kultusministerium aufgelöst, der Kanzelparagraph eingeführt, das Schulaufsichtsgesetz erlassen, damit die Geistlichen in der Predigt zu den Vorgängen nicht Stellung und die Kirche auf die Schulen keinen Einfluß nehmen konnten. Unter Kultusminister Falk kamen 1873 die Maigesetze, die die Ausbildung des Klerus vorschrieben, die Leitungsgewalt des Papstes für die katholische Kirche in Deutschland aufhoben, der Kirche nur geistliche Strafen erlaubten und den Kirchenaustritt erleichterten.

In Bischof Konrads Bericht »Drei Jahre aus meinem Leben« lesen wir: »Mittlerweile hatte das dunkle Gewölke sich immer drohender gegen mich zusammengezogen. Mehrere wegen Übertretung der Maigesetze gegen mich gefällte gerichtliche Straferkenntnisse waren inzwischen rechtskräftig geworden und lauteten auf Geldstrafen von so und so viel tausend Mark, subsidiär auf eine entsprechende Gefängnisstrafe. Die Liebe eines mir unbekannten edlen Wohltäters hatte sich ins Mittel gelegt und hatte, um mich vom Gefängnis zu befreien, da ich selbst insolvent war, ohne mein Vorwissen die Geldstrafe, zu der ich verurtheilt war, der Gerichtskasse für mich ausgezahlt.

So sehr mich aber die liebreiche Intention des edlen hochherzigen Spenders rührte, glaubte ich doch aus höheren Rücksichten die Wohlthat nicht acceptieren zu dürfen, um daher gegen die für mich geleistete Zahlung bei Gericht Protest erheben zu müssen. Das Kreisgericht in Paderborn entschied jedoch gegen meinen Antrag und das Obergericht daselbst, an das ich appellirte, bestätigte das kreisgerichtliche Erkenntniß. Die Frage, ob die von einem Dritten wider Wissen und Willen des

Verurtheilten bei Gericht gezahlten Strafgelder vom Gericht acceptirt oder abgelehnt werden müßten, erregte damals allgemeines Interesse und wurde auch in der Tagespresse lebhaft erörtert.« Der Oberstaatsanwalt leitete die Sache weiter an das Ober-Tribunal in Berlin, Berlin entschied, die eingezahlten Strafgelder dürften vom Gericht nicht angenommen werden. Das führte zur Verhaftung des Bischofs, der vom 4. August 1874 bis zum 19. Januar 1875 im Paderborner Gefängnis seine Strafe verbüßte und dann in die Zitadelle Wesel gebracht wurde.

Mutter Pauline schrieb am 13. Dezember 1874 an die Schwestern Mathilde und Philomena in Übersee: »Heute morgen schloß unsere ewige Anbetung – ohne den H. H. B. – gestern abend sandte ich an H. Jahnknecht ein sehr hübsches, kleines Bouqet mit der Bitte, es doch zu besorgen, und er ließ mir zurücksagen, er wollte es gleich besorgen, heute morgen hätte der H. H. B. schon davon gesprochen, daß wir ewige Anbetung hätten. – H. Jahnknecht hat mir gleich im Anfang gesagt, Schw. Mathilde hätte es ihm so auf die Seele gebunden, ja gut für den H. H. B. zu sorgen, er wolle es aber auch thun. Am 20. Januar ist die Haft hier abgelaufen, – aber 4 Monate Festung kommen dann wahrscheinlich noch wegen des Hirtenbriefes, – die Absetzung scheint auch in vollem Gange in Berlin, und welches Elend gibt das für die Diözese. Nun, der liebe Gott leite Alles zum Besten.«

Diesem Brief folgte ein zweiter an Schwester Mathilde, datiert vom 4. Januar 1875: »Soeben komme ich von dem H. H. B. im Gefängnis. Morgen steht in Berlin der Termin zu seiner Absetzung an, – man muß sehen, was es gibt. Der Oberstaatsanwalt Irgahn von hier ist, um die Anklage zu führen, nach Berlin abgereist ... H. Generalvicar hat sein Amt niedergelegt; das General-Vica-

riat ist aufgelöst, daß die Priester nicht mit dem Commissar in Verbindung kommen. Gott lenke Alles! ...«
Ihrem Bischof bereitete die Stadt einen liebevollen Abschied. Zwei Monate Festungshaft, Internierung in Wesel und erneute Festungshaft folgten aufeinander. Am 2./3. August 1875 floh der Bischof in die Niederlande, wurde dort gejagt und suchte deswegen am 28. März 1876 in Belgien Zuflucht. Mutter Pauline lud ihn ins Mutterhaus nach Mont Saint Guibert ein, wo er am 12. Juni 1876 eintraf und unerkannt als Hausgeistlicher lebte. Im September kleidete er die ersten fünf Schwestern im neuen Mutterhaus ein. Zu dieser Zeit verlor Mutter Pauline ihre langjährige treue Freundin: Luise Hensel starb am 18. Dezember im Paderborner Westfalenhof.
Mit ihrer Sekretärin, Schwester Lioba Rüther, zog Mutter Pauline am 4. April 1877 ins belgische Mutterhaus um und lebte nun ganz in der Nähe des Bischofs. Wenige Tage später reiste dieser nach Rom. Er konnte 1878 weitere zwölf Schwestern einkleiden und erlaubte Mutter Pauline, das erste Generalkapitel der Genossenschaft nach Mont Saint Guibert einzuberufen. Am 1. Juni 1879 begann das Generalkapitel, auf dem auch die nach Nordamerika gesandten Schwestern vertreten waren; es wählte Pauline zur Generaloberin. Kaum zwei Wochen später, am 12., erkrankte der Bischof, und Mutter Pauline, die die beiden Schwestern Mathilde und Philomena auf deren Rückweg nach Amerika bis Rotterdam begleitet hatte, traf ihn am 16. Juli sterbend an: »Als ich gegen 7 Uhr abends sehr müde nach Mont St. Guibert zurückkam, war der H. H. Bischof sehr schwer krank ... Ich ging zum Krankenbett des H. H. Bischofs und sprach mit ihm. Er empfing die hl. Sakramente der Buße, des Altars, der hl. Ölung, empfing die Generalabsolution, alles dieses durch Herrn Rath

Stamm[5] und mit einer solchen Geistesgegenwart und Ruhe, daß er selbst auf die Gebete des Priesters antwortete …«, so schrieb Pauline auf ihre Notizzettel, und in der Chronik ist zu lesen:

»Bald nach der Beichte betete Würdige Mutter dem sterbenden Oberhirten das ›Gebet um eine glückselige Sterbestunde‹ vor, welches Bischof Conrad einst im Dom zu Paderborn während der Predigt verfaßt hatte. Jetzt betete er dieses Gebet leise mit und beantwortete es zum Schluß mit einem lauten ›Amen‹ … von uns wollte der liebe Gott dieses Opfer; sein tapferer Kämpfer sollte die ewige Siegeskrone in Empfang nehmen. Nach drei Stunden holte der Herr seinen treuen Diener heim. Um 11 Uhr abends entschlief unser Hochwst. Herr unter den Gebeten der Kirche so sanft und selig, daß man kaum bemerkte, daß das Leben entfloh.«

Schnell entschlossen handelte Mutter Pauline. Zwei Tage nach dem Tod des Bischofs ließ sie seinen Leichnam in größter Stille nach Paderborn überführen[6], ins Mutterhaus bringen und in der St.-Conradus-Kapelle beisetzen. Jetzt erst verbreitete sich die Nachricht vom Tod des Bischofs in seiner Bischofsstadt und der Diözese, das Domkapitel wünschte die feierliche Beisetzung im Dom, erwirkte dafür die Genehmigung von Berlin und ließ die Leiche am 25. Juli in einem großen Trauerzug zum Dom überführen. Und wieder kamen Stadt und Land zusammen, um diesen Bischof zu ehren.

Die Vertriebenen finden eine neue Heimat

Daß das Haus Hohenzollern den Schwestern der Christlichen Liebe tiefe Wunden schlagen half, schmerzte Mutter Pauline sehr, war sie doch dem Königshaus treu ergeben. Der Besuch des preußischen Königs zwanzig Jahre zuvor war ihr noch eine wehe Erinnerung. Aus vollem Herzen hatte sie damals, am 24. Juni 1853, ihrem Bruder Hermann geschrieben: »... Donnerstag war der König hier; ferner der Prinz von Preußen, Fürst von Lippe, Fürst von Waldeck, Fürst von Bentheim, Herzog von Württemberg, Minister von Bodelschwingh der jüngere – Minister von Bodelschwingh der ältere – ... Der König war überaus freundlich und so bewegt, als die Kinder gesungen und Ihm Hüffers Gedicht gesagt hatten, daß Ihm die Thränen in die Augen traten, und Er benahm sich wahrhaft väterlich gegen sie ... 18 Fahnen wehten vor unserm Haus, es war von Außen und Innen mit Laubgewinden geschmackvoll verziert ... Die Ausstellung der Arbeiten der Kinder war gelungen und schien sehr anzusprechen, – das Körbchen etc., was ich dem K. für Ihre Majestät, die Königin, bot, wurde sehr freundlich aufgenommen ... Das Festessen war auf dem sehr schön decorierten Harmonie-Saal. – H. v. Bodelschw. folgte dem König hier im Hause und führte Ihn und bedeutete mir, daß ich mich zur Hand halten sollte, – ich folgte also – und wollte Anfangs dem Prinz von Preußen den Vortritt lassen; dieser sagte mir aber: ›nein, folgen Sie dem Könige, damit Er, wenn Er es wünscht, Auskunft erhalten kann – und da dachte ich: gehorchen sei das Feinste, und es blieb der Prinz, – der mir sehr gefiel – dem H. Landrath überlassen ...«

Dieser Prinz, der Bruder des Königs Friedrich Wilhelm IV., war inzwischen König und Kaiser geworden. Leider offenbarte Wilhelm I. eine andere Gesinnung als sein Bruder und ermöglichte durch seine Unterschrift, daß den Schwestern die meisten ihrer Häuser weggenommen wurden. Seit November 1871 durften mit klösterlichen Genossenschaften keine Verträge zur Übernahme von Schulen mehr geschlossen werden. Von Juni 1872 an ließ Preußen keine Ordensfrauen mehr als Lehrerinnen zu. Das »Klostergesetz« vom 31. Mai 1875 verbot, neue Mitglieder in Orden aufzunehmen, löste alle Klöster innerhalb von sechs Monaten auf, unterstellte deren Vermögen der staatlichen Verwaltung und bestimmte, daß die fortbestehenden Klöster der Staatsaufsicht unterlagen.

Die Folgen zeigten sich 1872 sogleich: Wo die Schwestern der Christlichen Liebe Schulen übernommen hatten, wurde ihnen gekündigt. Mutter Pauline reiste hin und her, schrieb Briefe, verhandelte, suchte einen Aufschub zu erreichen – mit geringem Erfolg. Der Staat hatte die Schulaufsicht übernommen und ging rigoros gegen die Orden vor. Das Mutterhaus in Paderborn erlebte in Abständen immer wieder die Rückkehr seiner Schwestern von aufgelösten Filialen, sofern Mutter Pauline nicht eine andere Bleibe für sie fand. Sie gründete zwischen 1873 und 1877 neue Häuser in Gutenberg/Liechtenstein, Mühlhausen und Weltrus in Böhmen, das neue Mutterhaus in Mont St. Guibert und das neue Noviziat in Alsemberg, beide in Belgien. Die meisten der aus Soest, Unna, Viersen und anderen Filialen vertriebenen Schwestern fanden ihren künftigen Wirkkreis in Nord- und Südamerika. Furcht und Hoffnung bestimmten in den siebziger Jahren das Leben der Schwestern. So sagt es die Chronik des Jahres 1873: »Mitten in der Zeit dieser Kämpfe für unser Heiligstes und Bestes, dem für unser ganzes liebes Vaterland so ernste Gefahr drohte, fiel die wichtige Entscheidung über unsere erste Niederlassung in America. Anfang des Jahres war Herrn Pfarrer Kögerl (New Orleans) mitgetheilt worden, dass Würdige Mutter entschlossen sei, 7–8 Schwestern für seine Gemeinde zu schicken ... Da kam Anfang März ein Brief von Herrn Pfarrer Kögerl, welcher die Mittheilung enthielt, dass er bereits Schwestern für seine Schule habe, welche das in Rede stehende Grundstück übernommen hätten, dass er unsere Congregation aber an Herrn Pfarrer Bogaerts empfohlen habe; und gleichzeitig mit diesem Briefe kam ein Schreiben des letztern Pfarrers aus der St. Henry's Gemeinde, welcher die dringende Bitte aussprach, Würdige Mutter möge ihm doch Schwestern schicken, er wolle ihnen miethweise sein ganzes erst neu gebautes Haus überlassen und ihnen die Gemeindeschulen übertragen. Der lieben Würdigen Mutter schien das Anerbieten so annehmbar, dass sie sich kurz entschloss, recht bald Schwestern nach New Orleans zu senden, und zwar wählte sie dazu S. Stephania Busch als Vorsteherin mit noch 7–8 Schwestern, da ja die Soester Schwestern am 31. März Soest verlassen sollten ... Ein wahres Gewühl von Arbeiten und Geschäften, welche die nahe Abreise mit sich brachte, griff nun Platz im lieben Mutterhause, so dass es nicht möglich ist, von diesem Gewirre eine Beschreibung zu geben. – Am 31. März kamen die lieben Unnaer und Soester Schwestern hier im Mutterhause an, ganz ergriffen und erschüttert von dem überstandenen Abschiede ...«

Vom St.-Xaverius-Verein in Aachen erbat Mutter Pauline einen Beitrag zu den Reisekosten für die Schwestern, die sich nach Nordamerika auf den Weg machen sollten. Auch für Südamerika suchte sie bereits Schwestern aus und schrieb am 12. Mai 1873 an den General-Consul de Santamaria in Berlin um Auskunft, ob

man in Bogotá sogleich oder zu einem späteren Zeitpunkt Schwestern der Christlichen Liebe erwarte.
Ihrem Bruder Hermann teilte sie am Tag darauf mit: »... Die Sache liegt also so: meine Begleiterin ist die für Südamerica ursprünglich bestimmte Oberin, Schw. Gonzaga, frühere Oberin von Constanz; soll nun das Bogotá-Project ausgeführt werden und sollen die 6 Schwestern gleich hin, so müßte sie mit denselben die Reise dahin antreten und ist dazu ganz bereit; während ich mit einer andern Schwester, die für Nord-America bestimmt, die Reise nach Nord-America mache. Soll aber die Reise nach Bogotá erst im Herbst vor sich gehen, so könnte Schw. Gonzaga erst mit mir die Reise nach Nord-America machen und im Herbst mit den Schwestern nach Bogotá segeln ...«
Zur Reise in die Vereinigten Staaten hatte sich Mutter Pauline schon im November 1872 entschlossen, um zu sehen, wo und wie ihre Schwestern dort leben und wirken konnten. Am 8. April 1873 machten sich die ersten acht Schwestern nach New Orleans auf den Weg. Aber nicht Schwester Stephania führte die kleine Schar an; sie war erkrankt, und an ihre Stelle trat Schwester Xaveria Kaschke. Von Mutter Pauline forderte diese Zeit ständige Wachsamkeit und Bereitschaft. Tag für Tag hatte sie zu entscheiden, je nachdem, wo akute Gefahren drohten, wo Möglichkeiten sich abzeichneten, Hoffnungen sich erfüllten oder nicht erfüllten. Für ihre Schwestern mietete sie in Paderborn den Westfalenhof, aus dem die Jesuiten vertrieben waren; die Schwestern mußten untergebracht werden. Das Projekt in Kolumbien schlug fehl, so daß Schwester Gonzaga die Reise in die Vereinigten Staaten mitmachen konnte. Statt Kolumbien rief Chile nach Schwestern. Es zeigte sich die starke Persönlichkeit in Mutter Pauline; ihr Glaube und das herrliche gewachsene Gottvertrauen taten sich

kund. Der Wurzelgrund ihrer Existenz jedoch war ihre Liebe zu Gott und zu den Menschen. In ihrem Bruder Hermann, an den das Rittergut in Borchen nach dem Tod seines Vetters Hermann von Hartmann übergegangen war und der in Berlin als Abgeordneter der Zentrumspartei wirkte, hatte Pauline eine bedeutende Stütze. Ihrem Brief an ihn vom 12. Mai 1873 schickte sie am 17. ein Blatt nach: »Im Sturme des Gefechtes habe ich, glaube ich, vergessen, Dir eine Hauptsache zu sagen, um die es sich bei der Reise handelt; und wenn einer Reisemarschall zu sein gebeten wird, muß er doch die Hauptreiseziele kennen. Ein Herr Nagel (Westphale) ist als Pastor in der Diöcese Scranton (USA) oder wie es heißt in Pennsilvanien. Ersterer soll ein sehr zuverlässiger, guter Herr sein, der auch schon hier im Mutterhaus war von America aus; es sind mehrere westphälische Geistliche dort in der Diöcese und der Bischof will ein Mutterhaus unserer Schwestern wohl gern gegründet sehen resp. gründen helfen und überhaupt in den deutschen Gemeinden seiner Diöcese gern unsere Schwestern sehen. H. Nagel schrieb darüber nach Paderborn, und H. Rath Klein meint, die dortige Gegend und Verhältnisse könnten sehr geeignet für uns sein. Ich bekomme ein Empfehlungsschreiben unseres H. H. Bischofs an die H. H. Erzbischofe und Bischöfe America's, und wollte zu Lande nach New Orleans, die Schwestern besuchen. Von Bogotá meint H. Rath Klein (welcher Domcapitular und Dompastor gestern geworden ist), daß wohl nichts daraus werden würde. Ich erwarte sehr gespannt Deine Nachrichten. In Eile. Mit herzlicher Liebe

Deine Schwester Pauline.«

Am Montag in der Karwoche, dem 7. April 1873, hatten Mutter Pauline und Schwester Mathilde die ersten für Amerika bestimmten Schwestern nach Bremerhaven zum Schiff gebracht, was Mutter Pauline fortan immer tat, wenn sie ihre Töchter in die Neue Welt schickte. Bischof Konrad erlaubte ihr endlich die Reise in die Vereinigten Staaten, damit sie die dortigen Verhältnisse kennenlernen konnte. Am 24. Mai stach der Dampfer »Hermann« in See und brachte Mutter Pauline und Schwester Gonzaga Kreymborg in 15 Tagen von Bremen nach New York. Die Franziskanerinnen des St. Mary's Hospital in Hoboken nahmen die beiden auf. »Die Straßen von New York« – so sagt es die Chronik – »sind, besonders in den Geschäftsstunden, so belebt, dass es einem Deutschen ganz curios vorkommt. Ein solches Gedränge von Wagen und Pferden, von Menschen aller Farben und Nationen ist nur in New York möglich. Auf dem Broadway, der Haupt- und Geschäftsstrasse, ist es manchmal wirklich lebensgefährlich, wenn man von einer Seite der Strasse zur anderen gehen muss. Ueberall an den Kreuzwegen ist die Polizei den ganzen Tag beschäftigt, um Ordnung in diesen Massen von Equipagen und Geschäftsfuhrwerken zu halten. Alle Wagen, welche die Stadt hinauffahren, müssen rechts bleiben, die Wagen, welche hinunterfahren, müssen sich links halten, während in der Mitte die Pferdeeisenbahn befahren wird ...«
Noch öfter hatten sich die beiden Reisenden über die Neue Welt zu verwundern, doch waren sie nicht als Touristen unterwegs; sie verfolgten wichtige Ziele und erreichten sie. In Wilkesbarre besuchten sie Pfarrer Nagel und übernahmen drei Elementarschulen. Mit Bischof William O'Hara von Scranton verhandelten sie wegen des zu errichtenden Provinzial-Mutterhauses, das seinen Platz in Wilkesbarre fand. Wieder ging's

nach New York, wo die Vorstadt Melrose um Schwestern bat. Per Bahn reisten die Schwestern nach Philadelphia, Baltimore, Washington und Cincinnati; sie legten dabei ungeheuere Entfernungen zurück. Das zehrte an ihren Kräften, zumal ihnen die Seekrankheit bös mitgespielt hatte. Doch gab ihnen die Freundlichkeit, mit der sie erwartet und aufgenommen wurden, Mut und Hoffnung für die bevorstehende Arbeit. Von Cincinnati brachte sie ein Dampfer den Ohio und Mississippi abwärts nach New Orleans. Zehn Tage dauerte die Fahrt. Unterwegs schrieb Mutter Pauline:

»Auf dem Mississippi, den 4. Juli 1873
Liebe, gute Schwester Walburga!
In einem americanischen Dampfboot ›Shanon‹ schwimmen wir auf den ungeheuer großen, weiten Wassern des Mississippi; an der einen Seite liegt die Stadt Mississippi, an der andern Seite der Staat Arcansas. An verschiedenen Baumwollpflanzungen sind wir bereits vorüber, die Zucker-Plantagen kommen später. Heute ist der 4. Juli – der Tag des großen Nationalfestes, das wie kein anderes dort gefeiert wird in allen Orten, Städten und Landen Americas; es gilt der Befreiung Americas durch Washington ... Wie schwer Ihnen, liebe Schwester Walburga, diese letzte Zeit in Dresden werden muß, wo die Trennung von einem so schönen, gesegneten Wirkungskreis mit jeder Stunde näherrückt, das fühle ich tief ... schenken Sie Ihr ganzes Herz Ihrem göttlichen Bräutigam. Er ist reich genug, Ihnen alles zu ersetzen. – Die ganze Welt mit all ihrem Tand vergeht – im Tode sind wir mit unserm Jesus ganz allein – o wohl uns, wenn wir dann vertrauensvoll zu Ihm aufschauen können; wenn Er unser Schatz und unser Reichthum im Leben war, wird Er es auch durch die ganze Ewigkeit sein.

Adieu, meine liebe, gute Schwester Walburga.
Mit herzlicher Liebe
Ihre Schwester Pauline v. Mallinckr.
v. d. C. d. Schw. d. christl. Liebe ...
Wie freue ich mich, die Schwestern in New Orleans wiederzusehen! – Es wird wärmer und wärmer! –«

Die hoffnungsvolle Zukunft in den Vereinigten Staaten konnte die leidvolle Gegenwart in Deutschland nicht aus den Gedanken Mutter Paulines verdrängen. Im Augenblick aber stand ihr die Freude des Wiedersehens bevor: »Das war ein Jubel und eine Seligkeit auf beiden Seiten, wir weinten und lachten vor Freude«, drückte die Chronistin dieses Erlebnis in New Orleans aus. Zehn Tage ließen sich die Besucherinnen Zeit für die Schwestern und ihre Schule mit einhundert Kindern. Fünfzig Stunden fuhren sie dann mit der Bahn nach Detroit, leisteten sich einen Abstecher zu den Niagarafällen, und weiter nach Buffalo, Elmira und Williamsport am Susquehannah. In Wilkesbarre kauften sie am 29. Juli den Platz für das Provinzial-Mutterhaus und traten am 2. August mit der »Mosel« die Rückreise nach Deutschland an. Im Mutterhaus, wo Schwester Mathilde inzwischen nach dem Rechten gesehen hatte, trafen sie am 16. ein. Schon am 23. September brachte die Generaloberin zehn Schwestern zum Schiff in Richtung New York. Schwester Mathilde, die zur Provinzial-Oberin für Nordamerika bestimmt war, konnte sich wegen einer Krankheit erst mit der nächsten Schwesterngruppe auf den Weg machen. Am 9. April 1874 nahm sie mit sechzehn Schwestern und ihrer Assistentin, Schwester Philomena Schmittdiel, Abschied von der Heimat. Vierzehn weitere folgten am 6. Juni, zehn am 11. August 1874. Sie hatten ihre Häuser in Dresden, Witten und Dortmund verlassen müssen. Einige der

Dresdener Schwestern kamen auf Schloß Costelez in Böhmen unter. Aufgelöst wurden bald auch die Häuser in Krefeld (1875), Magdeburg, Solingen und die erste Niederlassung in Anrath (1876), in Oschersleben und Steele, das St.-Josephs-Haus in Paderborn (1877), zuletzt auch das Haus in Sigmaringen (1879).

Diese Vorgänge überschatteten die Feier des Silbernen Jubiläums der Genossenschaft und Mutter Paulines am 21. August 1874. Zwei Monate zuvor, am 26. Mai, war Paulines Bruder Hermann gestorben, ein harter Verlust für sie und ihre Schwestern, die den Ratgeber um so dringender nötig hatten, je mehr sich die Lage verschärfte. Eine Audienz bei Kaiserin Augusta am 24. November blieb erfolglos. Schon zwei Jahre zuvor, im August 1872, hatte ein Gespräch Mutter Paulines mit Kultusminister Falk nichts eingebracht; zum Kaiser hatte man sie damals gar nicht erst vorgelassen.

Statt Kolumbien bat nun Chile um Schwestern der Christlichen Liebe. Mutter Pauline brachte am 12. September 1874 die ersten zwölf zum Schiff nach Bordeaux. Schwester Gonzaga ging als Provinzial-Oberin für Südamerika mit auf die Reise. Am 3. November kamen sie in Ancud an und gründeten dort ihr erstes Mutterhaus. Sowohl in Ancud als auch in Puerto-Montt leiteten sie ein Hospital, in Puerto-Montt dazu auch eine Elementarschule.

Da das »Klostergesetz« vom 31. Mai 1875 schon Anfang Januar bekannt wurde, suchte Mutter Pauline das Eigentum der Kongregation zu retten und verkaufte das ordenseigene Vermögen, auch die Häuser und den Grundbesitz, im April und Mai an ihren Bruder Georg und andere zuverlässige Leute, und zwar: das Waisenhaus in Solingen, das Mutterhaus und das St.-Josephs-Haus in Paderborn, das Haus Nazareth in Höxter, die Filialen in Oschersleben und Sigmaringen.

Ebenso verkaufte sie das Inventar einiger Niederlassungen. Doch Staatsassessor Himly, den der Staat als Verwalter des bischöflichen und klösterlichen Vermögens eingesetzt hatte, strengte Prozesse gegen den Orden an wegen des Verkaufs. Zuerst verlor Himly in allen drei Instanzen, gewann aber bei einer neuen Klage in zweiter Instanz als Verwalter des unter Staatsaufsicht stehenden Vermögens. Das Mutterhaus und das St.-Josephs-Haus in Paderborn, das Haus Nazareth in Höxter und die Filiale in Oschersleben galten wieder als Ordensvermögen und wurden dem Orden aufs neue überschrieben, damit sie der Verwaltung des Staates nicht entzogen waren.
Demnach galten das Mutterhaus und das St.-Josephs-Haus in Paderborn als aufgelöst. Ein Dekret vom 7. November 1876 bestätigte dies. Mutter Pauline erreichte für beide Häuser einen Aufschub bis zum 1. Mai 1877. Im Mutterhaus durften vierzehn kranke Schwestern und vier andere, die zu ihrer Pflege nötig waren, wohnen bleiben. Das Mutterhaus hieß in diesen Jahren der Unsicherheit nur »Mallinckrodthof«, damit jedes Aufsehen vermieden wurde. Mutter Pauline ging am 4. April 1877 mit ihrer Sekretärin Schwester Lioba Rüther nach Belgien, das Noviziat zog um nach Alsemberg. Als am 23. Juni 1879 über die Auflösung des Paderborner Mutterhauses endgültig entschieden war, mietete Mutter Pauline es durch ihren Bruder Georg vom Staat auf ein Jahr für ihre alten und kranken Schwestern. Am 29. Mai 1875 hatte hier zum letzten Mal Weihbischof Freusberg sieben Schwestern feierlich eingekleidet. Weitere Einkleidungen gab es dann nur noch in aller Stille: am 6. März 1877 empfingen hier sieben Postulantinnen den Schleier. So konnten weitere, dringend benötigte Schwestern nach Nord- und Südamerika gehen. Am 7. August 1875 waren es dreißig für Nordamerika,

am 9. Oktober sechs für Chile, am 5. August 1876 wiederum achtzehn für die Vereinigten Staaten, ebenso acht am 4. August des folgenden Jahres, während zwölf am 7. September 1878 nach Chile abfuhren.

So stand es um die Kongregation der Schwestern der Christlichen Liebe, als sie im Juni 1879 das erste Generalkapitel in Mont Saint Guibert durchführte und Mutter Pauline bald darauf den Leichnam des hochgeschätzten Bischofs Konrad Martin nach Paderborn bringen ließ.

Paulines letzte große Reisen

Wie ein Erdbeben erlebten die deutschen Katholiken den Kulturkampf, und sogar starke Persönlichkeiten suchten festen Halt, zumal sie andern eine Stütze im Glauben zu sein hatten. Kraft wollte sich Mutter Pauline in Rom holen. Papst Pius IX. war aufgrund seiner Gegnerschaft zu modernen Lehren und Anschauungen und infolge des Dogmas von der päpstlichen Unfehlbarkeit vom Kulturkampf unmittelbar betroffen. Als Mutter Pauline nach Rom reiste, folgte sie einem Herzensbedürfnis – sie wollte die Heiligtümer Roms besuchen und dort beten, zugleich aber im Interesse ihrer Kongregation dem Heiligen Vater begegnen.

Paulines Wallfahrt war keine zeitweilige Flucht aus dem Brennpunkt des Geschehens. Zur Fahrt entschloß sie sich erst, als die dringendsten Aufgaben für den Augenblick gelöst waren. Sie hatte das Ordenshaus in Krefeld verkaufen und dafür das künftige Mutterhaus in Mont Saint Guibert kaufen können. Ihre Schwestern fanden dort eine Zuflucht. Daß die Kongregation überhaupt bestehen bleiben durfte, dankte sie der Tatsache, daß sie die von Vinckesche Blindenanstalt in Paderborn und das Krankenhaus in Anrath betreute.

Als Begleiterin nahm Mutter Pauline Schwester Adalberta Legendre, die Chronistin dieser Romfahrt, mit. Von ihren beiden Neffen Felix von Hartmann und Georg Hüffer, die in Rom studierten, geführt, lernte Mutter Pauline die Ewige Stadt mit ihren heiligen Stätten kennen. Zweimal erlebte sie eine Audienz bei Papst Pius IX.: am 4. und am 23. Mai. Dabei dankte sie dem Heiligen Vater dafür, daß er die Kongregation in ihrer fünfundzwanzigjährigen Geschichte unterstützt hatte, und bat darum, die Konstitutionen, 1867 für zehn Jahre genehmigt, für weitere zehn Jahre zu bestätigen und

den neuen Niederlassungen in Nord- und Südamerika die kirchliche Anerkennung zu erteilen. Am 2. Mai 1876 kamen die Pilgerinnen in Rom an, am 20. Mai wurde ihnen die erbetene Verlängerung urkundlich bestätigt, und nach der zweiten Privataudienz reisten sie am 24. Mai wieder ab.
Dazwischen lagen Tage, die reich und vielseitig waren. Die Pilgerinnen wohnten unmittelbar neben St. Peter im Hospiz des Campo Santo. Schwester Adalberta schrieb: »Der Campo Santo bildet ein regelmäßiges Viereck, das auf zwei Seiten durch eine Mauer, zu unserer Linken durch das Pilgerhaus und die neue Kirche, vor uns durch eine alte Kapelle und das Hospiz für Pilgerinnen begrenzt wird. In letzterem war unsere Wohnung und konnten wir von unserem Fenster aus den Petersdom bewundern.«
Nach einem geschichtlichen Einschub, der festhält, daß Karl der Große den Campo Santo bei seiner Romfahrt gekauft hatte, damit dort ein Hospiz für fränkische Pilger gebaut würde, fährt die Chronistin in ihrer lebhaften Schilderung fort: »Am nächsten Morgen weckten uns die gewaltigen Glocken von St. Peter, die ernst und feierlich die Bewohner Roms zur Anbetung des fleischgewordenen Wortes aufforderten. Auch wir leisteten ihrem Rufe Folge und traten bald darauf in den Petersdom, um zum ersten Male dort der hl. Messe beizuwohnen. Welche Gefühle erfüllten da unsere Seele! Wir hätten vor Freude jauchzen, vor Wehmut weinen können in dem Gedanken, daß unter der mächtigen Kuppel, die sich über uns wölbte, der geheiligte Boden sei, der das Blut so vieler Märtyrer getrunken, daß dort der Apostelfürst ruhe, umgeben von zahllosen hl. Bekennern, die gleich ihm für Christus ihr Leben geopfert. Still knieten wir nieder und dankten Gott für seinen gnädigen Schutz auf der langen Reise. Während der hl.

Messe, die in dem Sakramentskapellchen gelesen wurde, empfingen wir unseren Herrn und Gott zum ersten Mal in der ewigen Stadt. Nach der Danksagung ging unsere teure Würdige Mutter zum Haupttheiligthum der Peterskirche, der sog. Confessio, mit dem Grabe des hl. Petrus. Neunundachtzig vergoldete Bronzelampen, von ehernen Füllhörnern getragen, schmücken das Marmorgeländer, welches die Ruhestätte des Apostels umgibt, und brennen Tag und Nacht, ein Sinnbild des lebendigen katholischen Glaubens und der Liebe, die von dieser Stätte aus die Welt erleuchtet und erwärmt ...«

Mit klopfendem Herzen besuchten die beiden Schwestern der Christlichen Liebe auch die übrigen Kirchen Roms, pilgerten zu den sieben Hauptkirchen der Ewigen Stadt, stiegen in die Kalixtus-Katakomben hinab und erlebten in Neapel das Blutwunder mit[7]. Sie durften dem Papst begegnen: »Welche Gefühle unser Herz erfüllten, als wir den hohen, reichgeschmückten Saal betraten, in welchem wir zum ersten Male Pius IX. sehen, seine Stimme hören und seinen Segen empfangen sollten, vermag ich kaum zu sagen. Es waren die Augenblicke, die wir dort verweilten, Augenblicke süßer Erwartung, wie sie nur der endlichen Erfüllung eines langgehegten innigen Wunsches voranzugehen pflegen. Doch nicht lange währten dieselben, denn bald öffnete sich die Thüre jenes bescheidenen Cabinetts, in dem Pius IX. gewissermaßen sein Leben zubringt, mit so wichtigen Angelegenheiten beschäftigt und in seiner Güte so bereit, auch die geringfügigste anzuhören, und der ehrwürdige Greis, der geliebte Vater der Christenheit, stand mitten unter seinen Kindern, die ihn kniend umringten ... Nichts ist so groß, nichts so herrlich auf der Erde, wie dieser eine Mann ohne Waffen, gegen welchen sich so viele Mächte erheben, nichts so schön, wie dieses Bild des unerschütterlichen Vertrauens, wo ringsum alles wankt und schwankt. Dreißig Jahre schon trägt Pius die Tiara und noch immer steht er ungebeugt unter ihrer Last ... Wie ein Vater, der glücklich ist, einige seiner Kinder um sich zu haben, ging der Stellvertreter Christi durch die Reihen, reichte Jedem die Hand zum Kusse und hörte liebevoll die Anliegen Aller ...«

Auch für Mutter Pauline hatte der Vater der Christenheit ein offenes Ohr, und er hatte ein Herz für ihre Kongregation, was sich bei der zweiten Audienz aufs neue erwies: »Sobald der lieben Würdigen Mutter zu sprechen gestattet war, dankte sie mit vor Rührung zitternder Stimme dem Hl. Vater für die erwiesenen Gnaden, sprach von den schönen Wirkungskreisen, die in Folge des Kulturkampfes für unsere Congregation verloren gegangen und von der Bereitwilligkeit, mit welcher unsere lieben Schwestern aus Liebe zu Gott und zur Genossenschaft die teure Heimat verlassen, um in einem fernen Weltteile dem Herrn Seelen zu gewinnen ... Die einfachen, schönen Worte unserer teuren Würdigen Mutter ... rührten den so milden und guten Vater der Christenheit und ich sah, wie Thränen seine Augen füllten, als sie der Prüfungen gedachte, mit denen unsere teure Congregation in den letzten Jahren heimgesucht wurde ...« Gestärkt durch diese Begegnung fuhr Mutter Pauline über Loreto, wo sie das »Haus Nazareth« besuchte, mit Stationen in Bologna, Padua, Venedig, Triest und Wien nach Prag an die Gräber der hl. Wenzeslaus und Johannes Nepomuk, um ihre Schwestern in Böhmen unter deren Schutz zu stellen. Sie kehrte bei den Schwestern in Mühlhausen und Weltrus ein und fuhr dann nach Paderborn.

Zwischen Böhmen und Belgien, Paderborn und Berlin war Mutter Pauline in der Folgezeit ständig unterwegs,

um den Schlägen gegen die Kongregation zu wehren, ihre Schwestern aufzurichten und den Vertriebenen eine neue Bleibe zu verschaffen. Rastlos setzte sie ihre Kräfte dafür ein, trug aber in sich tiefen Frieden und Ergebenheit in Gottes Willen, die aus ihrem felsenfesten Vertrauen zu Gott kamen. So zeigte sich ihr auch durch die schlimmsten Sorgen ein Weg. Als im August 1879 in Mont Saint Guibert die Schwestern ihre Exerzitien machten und acht Postulantinnen eingekleidet wurden, schien sich der Sturm zu legen. Jetzt überraschte Mutter Pauline die Schwestern mit dem Plan, ihre Niederlassungen jenseits des Atlantiks zu besuchen. Ihr Bruder Georg stimmte zu, Kardinal Dechamps von Brüssel gab seinen Segen, nur die Schwestern bangten, ob sie ihre Kräfte nicht überforderte.
Mit Schwester Chrysostoma von Speth-Zwiefalten trat Mutter Pauline am 1. Oktober 1879 von Mont Saint Guibert aus ihre Reise an. Am 4. Oktober lichtete der Dampfer »Potosi« in Bordeaux die Anker. Die Schwestern Remigia Lesemeister und Thais Eickmeier, für Chile bestimmt, wurden seekrank. Am schlimmsten aber traf es Mutter Pauline. Herzbewegend schilderte Schwester Chrysostoma in der Chronik das Elend dieser Frau und hielt zugleich bildhaft fest, was die Seereise Neues und Interessantes brachte, beschrieb farbig und mit leichter Hand die See und die Küste und was sonst bemerkenswert ins Blickfeld rückte.
Wichtig war den Schwestern, daß sie die heilige Messe mitfeiern oder wenigstens kommunizieren konnten. Seit Herbst 1837 war es Pauline gestattet, täglich die heilige Kommunion zu empfangen, eine seltene Erlaubnis in jener Zeit. Unterwegs hatten die Schwestern nicht jeden Tag die Möglichkeit, die heilige Messe mitzufeiern und die heilige Kommunion zu empfangen. Fuhren sie während der Nacht mit der Bahn, blieben sie

meist so lange nüchtern, bis sie eine Kirche aufsuchen und um die heilige Kommunion bitten konnten. Mutter Paulines erster Gang, wenn sie auf ihren Reisen eine Station erreichte und mit großer, herzlicher Freude begrüßt war, führte in die Kapelle, wo sie den Herrn anbetete. Darin zeigten sich ihre tiefe Liebe zum Herrn und ihr lebendiger Glaube. Von der Liebe zu ihren Schwestern sprach deutlich die weite Reise nach Süd- und Nordamerika. Dabei setzte sie ihre letzte Kraft ein, nahm Mühen und Seekrankheit auf sich, um alle zu sehen und zu ermutigen.

Die Reiseroute führte über Rio de Janeiro, wo der Dampfer am 22. Oktober anlegte, und Montevideo durch die Magellanstraße nach Chile. Schwester Chrysostoma, von der Seekrankheit verschont, notierte alle Vorkommnisse getreu auf: das Leben im Hafen von Rio de Janeiro; das Bild, das die Küste bot; stürmische und ruhige Tage, fliegende Fische, fremde Menschen. Genau beobachtete sie, was sich in der Magellanstraße begab: »Die Magellanstraße zeichnet sich durch große Tiefe aus; nur an wenigen Stellen hat sie nur 500 m Grund. Die Straße besitzt kein Leuchtfeuer, und so sehen sich die Schiffe bei einbrechender Dunkelheit genöthigt, in einer als Ankerplatz geeigneten Bucht die Nacht zuzubringen. Bald kamen wir am Cap Froward vorbei, dem südlichsten Punkt des americanischen Festlandes ... Wir dampften an den schönsten Naturbildern vorbei. Die Schneefelder von Ines-Eiland, über welche hinweg der 2300 Meter hohe Sarmiento aus weiter Ferne sein Greisenhaupt zeigt, bildeten mit dem frischen Grün der Ufergelände einen grellen Gegensatz. Die Straße wurde zuweilen sehr enge, und die Temperatur immer kühler ...«

An der Wetterscheide, dem Kap Froward, wurde die Küste zunehmend trostlos und starr, Regen und Hagel fielen, von Schwester Chrysostoma exakt vermerkt. Packend beschrieb sie später die Weiterfahrt von Chile nach Panama. Chile und Peru führten Krieg miteinander, die Chilenen waren im Vormarsch, ihre Schiffe transportierten Kriegsmaterial. Auch die »Lima«, auf der die Schwestern Chile verließen, war damit beladen. Mutter Pauline wurde von Krieg und Unwetter so stark betroffen, daß sie zu sterben glaubte und Anordnungen für den Fall ihres Todes traf, noch ehe das Schiff am 27. Februar 1880 in den von den Chilenen eroberten Hafen von Antofagasta einlief.

Jetzt lag Chile noch vor ihr. Nach fünfwöchiger Seefahrt legte die »Potosi« am 6. November in Coronel an, die Schwestern stiegen auf den Küstendampfer »Santa Rosa« um. Weiter ging's sogleich nach Tomé und Talcahuano, wo die Reisenden abgeholt wurden. Am 8. November abends erreichten sie Concepción, wo am Tag darauf der Bischof dem achtbaren Gast aus Deutschland seine Aufwartung machte. Von Santiago traf am 12. November Schwester Laurentia Koehler ein, und mit ihr begann die Generaloberin ihre beschwerliche Rundreise. In Talcahuano bestiegen beide die »Santa Rosa« in Richtung Ancud. Lebu lag auf der Strecke, aber die unruhige See verhinderte, daß Mutter Pauline ausstieg und ihre Schwestern besuchte. Daher unternahm sie im Januar diese für sie besonders anstrengende Fahrt ganz allein, um einige Tage in Lebu zu weilen. Am 17. November konnte man sich gegenseitig nur zuwinken; bloß drei Schwestern kamen trotz hoher Wellen an Bord und gerieten auf dem Rückweg fast in Gefahr. Ohne Landung ging es weiter nach Coral und Valdivia, am 19. erreichte die seekranke Generaloberin Ancud, wo Schwester Gonzaga mit ihrer ganzen Gemeinschaft die geliebte Mutter herzlich und begeistert willkommen hieß.

Bis zum 5. Dezember sammelte diese neue Kräfte. Dann setzte sie mit der Oberin Gonzaga ihre Besuchsreise fort. Puerto Montt, wo das einzige eigene Haus der Genossenschaft in Chile stand, war die nächste Station. Hier mußte die Mutter Pauline einen ganzen Monat ausharren, erneuerte mit den Schwestern am Fest der ohne Erbsünde empfangenen Jungfrau Maria ihre Gelübde, feierte mit ihnen Weihnachten und bekam erst am 5. Januar einen Dampfer zurück nach Ancud. Im neuen, 1878 bezogenen Mutterhaus zu Concepción machte sie die Exerzitien mit und unternahm zwischen dem 16. und 24. Januar den gewagten Ausflug nach Lebu. Daran lag ihr deshalb so viel, weil hier die Schwestern ihre einzige Missionsstation bei den Arbeitern eines Kohlenbergwerks übernommen hatten. Die Chronik vermerkt darüber: »In letzterem Orte sollten wir eine Armenschule übernehmen und die Oberaufsicht über ein kleines Hospital führen. Es ist dort ein reicher Minenbesitzer, Don Maximiano Errazuris mit Namen, der über 800 Familien in seinen Minen beschäftigt ... Dieser Herr, der es für seine Pflicht hält, auch für den Unterricht seiner Leute zu sorgen, hat eine Kirche, ein Hospital und das Kloster bauen lassen ... Die Schwestern sollen dort hauptsächlich auf die Bildung und Versittlichung der Madchen hinarbeiten, denn da die Provinz Araučan, zu der Lebu gehört, noch größtenteils heidnisch ist, sieht es in dieser Beziehung dort noch sehr traurig aus.« Es folgte wieder ein Aufenthalt in Concepción. Ein neues Haus war da im Bau, aber zum Weiterbau fehlte das Geld.

Den Abschluß ihres Besuchs in Chile bildete Santiago, wo Mutter Pauline mit den kirchlichen Behörden verhandeln mußte. Viel Sympathie von seiten der Bevölkerung und den wirksamen Beistand der Bischöfe hatte sie

in Chile gefunden. Am 21. Februar brach die tapfere Frau in den Norden des Kontinents auf.
Erstaunlich, daß sie die Strapazen der folgenden abenteuerlichen Seereise durch das Kriegsgebiet, durch tropische Hitze und moskitoverseuchte Gebiete, den Transport über die Landenge von Panama, die Weiterfahrt durch das Karibische Meer lebend überstand. Die Liebe zu ihren Schwestern gab ihr Kraft. Aus Iquique schrieb sie am 28. Februar 1880:
»Liebe, gute Schwester Augusta!
Es ist mir ein Bedürfniß, Ihnen, meine gute Schwester Augusta, nochmals so von ganzem Herzen Lebewohl zu sagen. Ich freue mich ungemein, im lieben Chili gewesen zu sein, und an das friedlich stille, liebe Ancuder Haus denke ich mit vieler Liebe und Freude, möge der liebe Gott es mit der Fülle Seines Gnadensegens überschütten ... Adieu, meine liebe, alte, treue Schwester Augusta. Werden Sie recht heilig, das ist die Hauptsache, auf die Alles ankommt. Mit innigster Liebe Ihre Schwester Pauline.«
Trotz ihres elenden Zustands schrieb sie an Bord längere Briefe, so am Gründonnerstag, 25. März, an Schwester Emanuele v. Brenken: »Heute dachten wir in New-York anzukommen, aber wir schwimmen noch auf dem großen Atlantischen Ocean, der Sturm hat unsere Pläne vereitelt; heute morgen gingen die Wellen so hoch, daß sie nicht nur über das Schiff, sondern sogar in den Küchenkamin desselben hineinschlugen ...«
Arme Mutter Pauline! Wie gut, daß der Dampfer am Karfreitag in New York anlegte und sie über Ostern in Melrose und vom Mittwoch danach an im Mutterhaus zu Wilkesbarre ein bißchen Ruhe finden konnte. Viel Ruhe gab es nicht. Die Pfarrer Nagel, Schelle, Schlüter und Dassel stellten sich ein, der Bischof von Scranton

war zu besuchen, die Leute in den Gemeinden wünschten die Generaloberin zu begrüßen; es gab Ordenshäuser und Schulen zu visitieren, die Schwestern warteten auf ein Gespräch mit der Würdigen Mutter, Tausende von Eisenbahnkilometern lagen vor ihr. Doch betrat Mutter Pauline hier kein Neuland mehr. Sieben Jahre zuvor hatte sie die meisten der vorgenommenen Wege schon einmal hinter sich gebracht, und mit den Namen Pittston, Harrisburg, New Orleans, Gretna, St. Louis, Chaska, Minneapolis, New Ulm, Le Mars, Jonia, Westphalia, Rome, Newark, Elizabeth, New Brunswick, Philadelphia, Reading, Williamsport, Nippenose-Valley, Dushore, Honesdale, Mauch Chunk – Stationen der bevorstehenden Reise, verbanden sich zum großen Teil ganz reale Bilder und Erinnerungen. Bis zum 2. August nahm sie sich mit Mutter Mathilde Zeit für ihr enormes Besuchsprogramm. Keine Filiale ließ sie aus. Exerzitien und die feierliche Einkleidung von zwanzig Schwestern in Wilkesbarre setzten den Schlußpunkt unter ihre Reise, die ihren Töchtern in der Neuen Welt noch einmal die Mutter gebracht hatte. Mit der »Donau« kehrte die entkräftete Frau nach Deutschland zurück. Vom 21. August bis 2. September dauerte die Fahrt über den Atlantik. Nach der Landung in Bremen begab sich Mutter Pauline zuerst nach Böddeken, um sich mit ihrem Bruder Georg zu beraten; Georgs Frau Diene war am 11. April gestorben. Den 13. und 14. September verbrachte sie im Paderborner Mutterhaus, nahm dann in Mont Saint Guibert an den Exerzitien teil und machte sich anschließend auf den Weg zu allen noch verbliebenen europäischen Häusern: nach Anrath, Sigmaringen, Gutenberg, Mühlhausen, Weltrus, Oschersleben und Höxter, um den Schwestern dort zu erzählen und aufs neue ans Herz zu legen, sie möchten getreu ihrer Berufung leben.

Dem Ziel entgegen

Entkräftet kehrte Mutter Pauline am 28. Dezember 1880 ins Paderborner Mutterhaus von ihren Rundreisen zurück. In alle Häuser, in denen Schwestern der Christlichen Liebe lebten und wirkten, hatten diese Reisen sie gebracht, zuletzt nach Süddeutschland, Liechtenstein und Böhmen. Oschersleben und Höxter ließ sie dabei nicht aus, da dort unter weltlicher Leitung immer noch einige Schwestern arbeiteten. Auch ihre Jugendfreundinnen Anna von Lommessen und Clara Fey und den Jesuitenpater Minoux, der einige Jahre in Paderborn tätig war, besuchte sie und nahm von allen mit bewegtem Herzen Abschied. Sie spürte, es war an der Zeit, sich für die Sterbestunde bereit zu halten.

Als Siebzehnjährige stand Pauline am Sterbebett der Mutter. Zum ersten Mal sah sie einen Menschen sterben. Ihr ging das so nahe, daß sie von da an jederzeit auf den Tod vorbereitet sein wollte. Das Sterben sah sie als Durchgang ins eigentliche Leben, und dieses Leben erkannte sie als Ziel jeglicher menschlichen Existenz. Ihrem Leben hatte sie nach dem Tod der Mutter die klare und eindeutige Richtung auf dieses Ziel hin gegeben. Die Liebe zu Gott dem Vater und dem Herrn Jesus Christus sowie die Liebe zu ihren Schwestern und den Blinden samt allen Hilfsbedürftigen ließ sie auf dieses Ziel hin reifen. Kund tat sich die Grundausrichtung Paulines in ihrer Verehrung des Herrn im allerheiligsten Sakrament des Altares und in der bewußten Annahme des Sterbens. Pauline sagte ja zu ihrem Tod und bereitete sich durch mehr als vier Jahrzehnte darauf vor.

An Sterbebetten stehen oder Todesnachrichten entgegennehmen mußte Mutter Pauline oft. Von den 412 Schwestern, die in Europa zu Lebzeiten Paulines eingekleidet wurden, starben vor ihr 68, von den 184 nach Amerika gegangenen fünf in Nordamerika, darunter die Schwestern Corona Kratzert und Demetria Plenter, während die Generaloberin dort weilte. Pauline war auch ihrem Vater und ihren Geschwistern im Todeskampf beigestanden. Als letzten vor ihr rief Gott ihren Bruder Georg am 21. März 1881 heim; eine Lungenentzündung setzte seinem irdischen Leben ein Ende.

Knapp ein Jahr zuvor, am 11. April 1880, war Georgs Frau Bernhardine gestorben. An diesem Tag hatte ihr die Schwägerin Pauline in Wilkesbarre einen Brief geschrieben:

»Meine liebe, gute Diene.

Hier habe ich plötzlich aus dem Briefe von Schwester Wunibalda erfahren, welch schweren Verlust Du, meine gute Diene, erlitten hast durch das Hinscheiden Deiner lieben Schwester, unserer theuren Auguste. Schw. Wunibalda schien zu meinen, ich wüßte die Trauerkunde schon. Daß Du durch diesen schmerzlichen Verlust sehr angegriffen bist, ist sehr begreiflich. Wer hätte denken sollen, daß die kräftige Auguste so bald diese Erde verlassen würde. Wie traurig wohl Anna und Philipp sind! Auf der Reise nach Rom habe ich Auguste so recht in ihrer Liebenswürdigkeit und Einfachheit und Anspruchslosigkeit näher kennengelernt und in ihrer gediegenen Frömmigkeit. Ach, wie ist hienieden Alles so vergänglich; – die himmlische Heimath ist unser Ziel, glücklich, wenn wir dort angelangt sind; – vielleicht dauert auch unsere Pilgerfahrt nicht mehr gar lange ...«

In St. Louis las Mutter Pauline in der Zeitung, daß ihre Schwägerin gerade zu der Zeit gestorben war, als sie ihr diesen Brief schrieb.

Wo immer Mutter Pauline ihre Schwestern besuchte, gab sie ihnen Unterweisungen. Dabei bewegte außer

den Gedanken über die Liebe und das rechte Ordensleben die Schwestern am meisten, was ihre Mutter Pauline über das Sterben sagte. Der Tod des Bischofs Konrad war ihr sehr nahegegangen, was der oben angeführte Brief an die Schwägerin ausspricht:
»... ich aber beschäftige mich oft und ernstlich mit dem Gedanken an meinen Tod; – der Tod unseres Hochwürdigsten Herrn B. hat mir den Gedanken an den Tod viel näher gebracht; – in der himmlischen Heimath angelangt, welche Seligkeit wird es sein, all' die theuren Dahingeschiedenen wiederzufinden; es sind ihrer schon so viele ... Welche Seligkeit, sie Alle wiederzusehen und ewig zu besitzen in jener Heimath, wo kein Leid mehr ist und wo der selige Besitz Gottes die Seele auf ewig, ewig beglückt ...«
Ein Jahr später ging Mutter Paulines Pilgerfahrt zu Ende. Am 24. April 1881 feierte sie mit den blinden Kindern den Tag der ersten heiligen Kommunion, am Tag darauf hielt sie ihren Schwestern den letzten, unvergessenen Unterricht und sagte ihnen zu Herzen gehende Gedanken über den Tod. Ihre Todeskrankheit setzte am folgenden Tag ein; auch bei ihr war sie – wie bei ihren Brüdern – eine Lungenentzündung. Wachen Blicks schaute sie in ihrer Krankheit auf ihr Leben zurück und sah die Anfänge ihres Weges, der die ewige Heimat zum Ziel hatte.
In ihrem kurzen Lebensabriß vermerkte sie: »Es war sehr rücksichtsvoll von Vater, daß er mir gestattete, täglich morgens vor dem Kaffee nach Wewelsburg zu gehen, wodurch mir die Möglichkeit blieb, wie ich es in Aachen gewohnt war, täglich die hl. Communion zu empfangen. Bei der Rückkehr aus der Kirche baten mich dann hie und da die Armen des Dorfes, in ihre Wohnung einzutreten, um in Ermangelung eines Arztes ihre Kranken zu besuchen« (S. 28). Die hl. Kom-

munion und die Armen und Kranken – damit sind Hauptgewichte im Leben Pauline von Mallinckrodts genannt.
Sie war auf das Sterben vorbereitet. Nicht nur ihr Herz fand sich bereit, auch ihre Arbeit für die Kongregation war lückenlos getan. Ihren Schwestern trug sie Abschiedsbitten vor: Jede möchte für einen guten Geist in der Kongregation sorgen, mit Eifer das innere Leben und den Gebetsgeist pflegen. Herzliche Liebe müßte die Schwestern untereinander verbinden, jede sollte durch treue Pflichterfüllung Gott zu gefallen suchen – in wahrer Demut, schwesterlicher Liebe und eifrigem Gebet. So würde Gott die Kongregation und ihr Wirken segnen.
Die Chronik der Schwestern hielt vieles von den Vorgängen im Sterbezimmer fest. Als Mutter Pauline am 28. April mit den Sterbesakramenten versehen war, beteten die Schwestern inständig und ohne Unterlaß vor ausgesetztem Allerheiligsten für ihre Mutter. Die Schwerkranke ordnete auch nach ihrer Krankensalbung noch mit Schwester Wunibalda Heggen die letzten irdischen Angelegenheiten und ließ den Schwestern und Angehörigen ihre Abschiedsworte aufschreiben. Das Gebet des Bischofs Konrad um eine gute Sterbestunde wurde jetzt für die Würdige Mutter gesprochen. Die Chronik über die letzten Stunden:
»Immerfort blieb Würdige Mutter trotz ihrer Schwäche und der Mühe, die ihr das Reden verursachte, am Ermahnen und Beten. Häufig hörten wir sie noch sagen: ›Überlegen Sie alles gut, und wenn Nachricht von Mutter Mathilde kommt, dann sorgen Sie, daß ihre Wünsche erfüllt werden.‹ Oder sie betete: ›Liebe Mutter Gottes, lieber hl. Joseph, alle lieben Engel und Heiligen Gottes, bittet und flehet für uns.‹ ›Herr, verleih allen Schwestern die Gnade der Beharrlichkeit und die ewige

Seligkeit.‹ Dann erinnerte sie die Schwestern auch noch gar, sie jetzt zu verlassen, indem sie sagte: ›Der große, entscheidende Augenblick läßt noch auf sich warten, gehen Sie erst nur ruhig an Ihre Arbeit.‹ – Doch hierzu konnten die Schwestern sich nicht entschließen, so folgsam sie auch sonst der Würdigen Mutter waren ... Immer näher kam jetzt der Augenblick des Todes unserer teuren, einzigen Würdigen Mutter, und wir mußten uns mit Gewalt halten, unserm Schmerz nicht lauten Ausdruck zu geben ... Sie lag da ganz ruhig, laut betend und ermahnend. Wieder und wieder sagte sie: ›Gelobt sei Jesus Christus!‹ oder: ›Jesus, Maria, Joseph, euch schenke ich mein Herz, meinen Leib und meine Seele.‹ Einzeln und nacheinander traten die Schwestern in das Sterbezimmer, um unsere beste Würdige Mutter noch einmal für einige Augenblicke zu sehen. Sie machte den Eindruck einer Heiligen, die nach der Vereinigung mit ihrem Geliebten, dem besten Heilande, sich sehnt und Ihm schon entgegeneilt ... – Merkwürdig veränderten sich jetzt nach und nach ihre Züge und nur mit großer Mühe verstand man, was sie sprach. Wir baten daher Herrn Procurator Meyer schnell zu kommen. Er betete dann die Sterbegebete und die Litanei von allen Heiligen. Die liebe Würdige Mutter atmete sehr unregelmäßig; zuletzt holte sie noch 3 bis 4 mal in langen Zwischenräumen Atem, neigte den Kopf etwas – und ihre reine Seele war hinübergegangen. Es war am 30. April 1881, morgens gegen 9 Uhr ...« Ihr Leichnam blieb bis zum 4. Mai aufgebahrt und wurde dann, nach dem Sterbegottesdienst in der Busdorfkirche, in der St.-Conradus-Kapelle auf dem Schwesternfriedhof beigesetzt.

Mutter Paulines Gedanken an den Tod und ihre Hoffnung auf das ewige Leben sprechen aus Aufzeichnungen, die sie sich während ihrer regelmäßigen Jah-

resexerzitien gemacht hatte: Exerzitien vor der Einkleidung im August 1849: »O Herr, wäre ich erst ganz bei Dir und könnte nichts mehr mich von Deiner Liebe scheiden! O seliger Moment des Todes, wo ich eingehen werde zu dem Geliebten des Herzens.« Exerzitien im Februar 1853: »Bereiten wir uns jetzt zum Tode vor, denn wir tun diesen Sprung nur einmal; mißglückt er, so ist's für immer verloren. Wohl dem, der ihn macht bis ans Herz Gottes! Herr hilf mir zu einem seligen Tod! ...«
Ähnliches schrieb sie Jahr für Jahr nieder. Eine Flucht aus der Arbeit sollte der Tod keinesfalls sein; sie war bereit, sich so lange zu mühen, wie der Herr es von ihr forderte. Ihren Tod verstand sie als Akt des Gehorsams, so wie sie ihr Leben lang Gott, ihrem Bischof und dem Beichtvater Gehorsam erwies.
Schwester Lioba gab den Schwestern der Christlichen Liebe Nachricht vom Tod der Mutter und kam in ihrem Brief, den sie dem Telegramm nachsandte, auf deren letzte Tage zu sprechen. Sie zeichnete ein treffendes Bild der lieben Toten: »Es war zum Erbarmen, sie in den Fiebern liegen zu sehen; die Schwäche war übergroß, dabei war aber ihre Geistesthätigkeit bewunderungswürdig. Nichts entging ihr, an Alles dachte sie, machte auf Alles aufmerksam, was noch zu besorgen war ... Dabei war sie die Liebenswürdigkeit selbst. Obwohl sie Dienstag so elend war, daß sie kaum aufrecht stehen konnte, ließ sie es sich nicht nehmen, unsere gute Schwester Afra, die, Gott Dank, wieder so weit genesen ist ... zu begrüßen ... Trotz Fieber und übergroßer Schwäche wollte sie am Abende auch noch aufstehen, um noch einmal die schwerkranke Schwester Constantia auf St. Elisabeth zu besuchen. Bevor Würdige Mutter aber soweit kam, war Schwester Constantia schon in der Ewigkeit ... Nicht minder erbaute

uns die theure Würdige Mutter in ihrer Krankheit durch ihre kindliche und tiefe Frömmigkeit ...«
Mutter Mathilde Kothe, die mit Pauline 1849 eingekleidet worden war und ihr als Generaloberin nachfolgte, verschickte 1889 Mutter Paulines kleine Selbstbiographie und äußerte sich in ihrem Begleitschreiben: »Nun habe ich aber eine gar große Freude für Sie: Sie erhalten zum 40. Stiftungsfeste ein kleines, aber gar liebes Büchlein ... Es enthält eine Selbstbiographie unserer hochseligen Würdigen Mutter ... Sie ist uns ein wahrer Schatz. Würdige Mutters ganze Seele liegt darin! Oh es ist so schön, so erbaulich, so erhebend und begeisternd ... Dieses Büchlein zeigt uns in Würdige Mutters Leben, was unsere hl. Regeln uns lehren, zeigt uns handgreiflich, welcher Geist unsere Mutter beseelte und uns beseelen soll. Lernen wir unsere hochselige Würdige Mutter, unser Vorbild, ... daraus kennen ... Üben wir uns treu in allen christlichen Tugenden, besonders in der Freundlichkeit u. Fröhlichkeit! Würdige Mutter war die verkörperte christliche Höflichkeit. Folgen wir ihr!«[8]

Eine Gestalt für unsere Zeit

Solidarität und Mitmenschlichkeit werden gegenwärtig oft beschworen. Junge Menschen erweisen sich als ansprechbar für soziale Probleme und lassen sich dafür gewinnen, zu ihrer Lösung beizutragen. Diesen jungen Leuten wie auch den durch Kriegs- und Notzeiten gegangenen älteren wird eine Frau wie Mutter Pauline imponieren. Diese Frau gab in ihrer Weise Antwort auf die Not der Menschen ihrer Zeit. Schon in jungen Jahren nahm sie sich armer, alter und kranker Leute an. Dann fand sie ihre Lebensaufgabe darin, armen und blinden

Kindern zu helfen und zu dienen, um ihnen ein menschlicheres Leben zu ermöglichen. Mit Klugheit und Tatkraft, empfänglich für guten Rat und Unterstützung ging sie ans Werk. Alle Zeit und Kraft setzte sie ein und schonte sich nicht. Mut und Selbstvertrauen zeichneten sie aus. Sie fand den richtigen Weg und ging ihn mit erstaunlicher Konsequenz. Aus der Erkenntnis, daß sie nur mit Ordensschwestern zusammen den Blinden das sein und geben konnte, was nötig war, folgte die Gründung ihrer Kongregation. Emanzipation der Frau – für Mutter Pauline war das kein Thema. Ein Werk, wie sie es aufzuweisen hat, zeugt von gesundem Selbstwertgefühl und gutem Einklang mit sich selbst.

Wegen dieses Werkes wird Mutter Pauline von vielen heute verstanden, geschätzt, bewundert. Doch wird dieser Frau keineswegs gerecht, wer nur die horizontale Ebene ihres Lebens, ihre Mitmenschlichkeit, betrachtet. Entschieden hätte Mutter Pauline diese Einseitigkeit zurückgewiesen. Die Sorge für die Menschen war nicht der alleinige Inhalt ihres Lebens, ganz zu schweigen davon, daß sie nicht persönliche Ehre suchte. Für Mutter Pauline war die vertikale Linie von oben nach unten, von Gott zu den Menschen, die eigentliche Wirklichkeit; von ihr hing das vollendete und erfüllte, das ewige Leben in der Freude des Herrn ab. Die Gemeinschaft mit Gott anzunehmen und in sie kraft der Liebe tiefer hineinzuwachsen, zugleich aber allen, die ihr begegneten, eine Ahnung von der Güte und Menschenfreundlichkeit Gottes zu vermitteln – darin sah sie den Sinn ihres Daseins.

Ihren Eltern und dem guten Familienleben daheim verdankt Mutter Pauline ihre geistige, charakterliche und religiöse Prägung. Nicht bloß zu einer menschlich feinen Art wurde sie hier erzogen, zu Hilfsbereitschaft und Dankbarkeit, hier wurde auch die Liebe zum himmlischen Vater und dem in der Eucharistie gegenwärtigen Herrn geweckt und gefördert. Gerade diese Liebe formte von Kind auf das Leben dieser Frau zu immer größerer Reife hin. »Schwester der christlichen Liebe« durfte sie sich nennen und diesen Namen ihren Mitschwestern geben. Zu dieser Liebe sollte Mutter Pauline uns heutigen Christen wegweisend sein, damit wir das Höchste Gut nicht geringachten, nicht die Einladung zum Tisch des Herrn unbesonnen ausschlagen und nicht die Anbetung Christi im Sakrament auf ein Minimum reduzieren. Die innere Weite bei Mutter Pauline läßt keine Enge und Kümmerlichkeit in der Liebe zu Gott und den Menschen zu. Sie spielte auch nicht die Menschen gegen Gott aus. Was sie dem Herrn schenkte, ging den Menschen nicht verloren. Vielmehr konnte sie für die Menschen dasein, weil sie sich zuerst und vorbehaltlos dem Herrn schenkte und seinen Geist mit der Kraft von oben in sich aufnahm.

In einem weiteren Punkt fordert uns Mutter Pauline auf, unser Leben zu überdenken: in der Liebe zur Kirche. Ehrfurcht und Dankbarkeit waren in Mutter Pauline gewachsen. Zum Leben in und mit der Kirche bedurfte es jedoch mehr als nur menschlicher Qualitäten. Ihre Liebe, ihr Vertrauen und ihr Gehorsam gegenüber dem Herrn Jesus Christus galten auch der Kirche. Ihr Verhältnis zu ihren Mitchristen, vor allem zu ihren Mitschwestern, sowie ihr Verhältnis zu ihrem Bischof und dem Papst bezeugt, daß es ihr damit ernst war. Nicht unterwürfig, sondern entschieden und mit Selbstvertrauen trat sie an die heran, die für sie an Christi Stelle standen, jedoch bereit, sich deren Entscheidung zu beugen und sie ohne Groll und Verletztsein anzunehmen. Diese Haltung gab ihr nicht bloß die Ehrfurcht ein, sondern letztlich ihr erstaunliches Vertrauen zu Gott, in dem sie alle ihre Aufgaben anpackte, in dem sie auch manchem zu entsagen vermochte. Ihr war es wichtig, für die Menschen das zu tun, was Gott von ihr wollte, und sich von Gott so formen zu lassen, wie er es wollte. Dann würde sie in ihrer Todesstunde bereit sein für den Herrn, mit dem sie zu Lebzeiten durch ihre Hingabe schon gestorben war; hatte sie doch Antwort gegeben auf den Ruf Gottes und auf die Not der Menschen.

Anmerkungen

[1] Heute der Mallinckrodthof, Frauenbildungsanstalt der Erzdiözese Paderborn in Borchen-Nordborchen.
[2] Pauline von Mallinckrodt: Pauline von Mallinckrodt bis zu ihrer ersten Gelübdeablegung. Paderborn 1889.
[3] Anna von Lommessen trat in den Sacré-Coeur-Orden ein, Clara Fey stiftete die Kongregation der Schwestern vom Armen Kinde Jesus in Aachen, Franziska Schervier ist die Stifterin der Armen Schwestern vom hl. Franziskus in Aachen.
[4] Mathilde Kothe aus Büren half seit 1842 die Blinden betreuen. Sie leitete die erste Filiale in Dortmund, wurde Provinzialoberin in Nordamerika und 1881 Nachfolgerin der Mutter Pauline als Generaloberin. Elisabeth Schlüter konnte der Genossenschaft nur vier Monate dienen; sie starb als erste von allen.
[5] Rat Stamm war der Kaplan des Bischofs.
[6] Dafür holte sie die Erlaubnis des Erzbischofs von Mecheln, des Kardinal Dechamps, ein.
[7] In Neapel wird als Reliquie das eingetrocknete Blut des heiligen Januarius aufbewahrt. Am ersten Sonntag im Mai, am 19. September und am 16. Dezember wird es in einer Prozession nach St. Klara getragen, wo das Haupt des Heiligen aufbewahrt wird. Dort verflüssigt sich das Blut meistens.
[8] Am 30. April 1881 betrug die Zahl der Schwestern 423, davon weilten in Europa 136, in Nordamerika 214, in Südamerika (Chile) 73.
Von Europa wurden entsandt nach Nordamerika 152, nach Südamerika 32, insgesamt 184.
Es wurden eingekleidet in Nordamerika 68, in Südamerika 41, insgesamt 109.

Zeittafel

1817	3. 6.	Pauline von Mallinckrodt in Minden geboren
	9. 6.	Taufe auf den Namen: Maria Bernhardine Sophie Pauline
1824	Febr.	Übersiedlung der Familie nach Aachen, wo Paulines Vater Detmar Mallinckrodt Regierungs-Vizepräsident geworden war
1824	– 1827	Pauline besucht die Privatschule am Seilgraben
1827	– 1831	Besuch der St.-Leonhardschule
1828	Frühjahr	Vorbereitung auf die erste Beichte
1829	April	Luise Hensel wird Paulines Lehrerin
	Juni	Erste hl. Kommunion
1832	Sommer	Der Frauenverein mit Paulines Mutter sorgt für die Armen während der Cholera-Epidemie
	Herbst	Pauline für 1/2 Jahr im Pensionat zu Lüttich
1834	Juli	Paulines Vater in den Adelsstand erhoben
	18. 7.	Pauline reist mit der kranken Mutter nach Bad Schwalbach
	17. 8.	Die Mutter stirbt in Bad Schwalbach und wird dort begraben
1835	31. 8.	Pauline wird gefirmt
	Sept.	Pauline schlägt die Werbung Fritz von Coffranes ab. Erster Gedanke an Ordensleben
1837	– 1839	Pauline sorgt mit den Aachener Freundinnen für die Armen und Kranken der Stadt

1837	Herbst	Pauline wird die tägliche hl. Kommunion gestattet
1839	23. 6.	Übersiedlung mit dem Vater nach Paderborn
	21. 11.	Pauline wird Schriftführerin des neuen Frauenvereins zur Pflege armer Kranker in Paderborn
1840	5. 5.	Pauline eröffnet eine Kinderbewahranstalt mit acht Kindern
1842	Febr.	Erste Exerzitien Paulines auf der Brede bei Brakel
	4. 4.	Der Vater stirbt in Paderborn
	28. 6.	Aufnahme der ersten blinden Mädchen ins Kinderasyl
	5. 12.	»Margretchen« als 5. Blinde aufgenommen
1843	Herbst	Pauline bietet dem Oberpräsidenten von Vincke ihr kleines Blindeninstitut an als Grundstein für eine Provinzial-Blindenanstalt
1844	11. 12.	König Friedrich Wilhelm IV. verleiht Paulines Privat-Blindenanstalt Korporationsrechte
1845	Frühjahr	Pauline setzt sich für zwei konfessionell getrennte Institute für Blinde ein
1846	27. 6.	Weihbischof Claeßen, Köln, rät Pauline zur Gründung einer eigenen Kongregation
1847	6. 12.	Die katholische Abteilung der Provinzial-Blindenanstalt wird in Paderborn eröffnet
1848	20. 9.	Pauline sendet das Statut der zu gründenden Kongregation an den Oberpräsidenten in Münster

1849	24. 2.	König Friedrich Wilhelm IV. verleiht der künftigen Kongregation Korporationsrechte
	21. 8.	Gründung der Kongregation der »Schwestern der Christlichen Liebe«. Einkleidung der vier ersten Schwestern in der Busdorfkirche
1850	4. 11.	Die vier ersten Schwestern legen in der Busdorfkirche die Gelübde ab
1851	3. 1.	Übernahme der kath. Mädchenschule in Dortmund
1855	20. 11.	Umzug der Schwestern von der Blindenanstalt in das neue Mutterhaus
1856	29. 1.	Prof. Dr. Konrad Martin zum Bischof von Paderborn gewählt
1863	21. 2.	Päpstliche Approbation der Kongregation
1866	16. 7.	Ewige Profeß Mutter Paulines
1867	13. 7.	Approbation der Konstitutionen für 10 Jahre
1872	Juni	Das Schulaufsichtsgesetz (»Kulturkampf«) läßt keine Ordenslehrerinnen mehr zu
	Sommer/ Herbst	Mutter Paulines Versuch, ihre Häuser zu retten, mißlingt
	Dez.	Mutter Pauline mietet den Westfalenhof als »Haus der Göttl. Vorsehung« für die Schwestern aus aufgelösten Häusern
1873	8. 4.	Abreise der ersten Schwestern in die USA
	24. 5. bis 16. 8.	Reise Mutter Paulines in die USA, Übernahme mehrerer Pfarrschulen
1873	26. 11.	Reise nach Böhmen

1874	4. 8.	Gefangennahme Bischof K. Martins
	12. 9.	Abreise der ersten Schwestern nach Chile
1875	4. 5.	Verkauf des Mutterhauses an Georg von Mallinckrodt
	31. 5.	Erlaß des Klostergesetzes: Auflösung aller Klöster innerhalb von 6 Monaten
1876	25. 4.	Kauf der Besitzung in Mont St. Guibert bei Brüssel
	20. 5.	Approbation der Konstitutionen für weitere 10 Jahre
	12. 6.	Bischof K. Martin findet Asyl in Mont St. Guibert
1877	4. 4.	Mutter Pauline siedelt nach Mont St. Guibert über
	10. 4.	Kauf des Klosters Alsemberg/Belgien als Pensionat und Noviziat
1879	1. 6.	Beginn des ersten Generalkapitels in Mont St. Guibert
	16. 7.	Tod Bischof Konrad Martins
	18. 7.	Überführung seiner Leiche nach Paderborn
1879	1. 10. bis	Reise Mutter Paulines nach Süd- und
1880	2. 9.	Nordamerika
	Sept./Dez.	Besuch aller Schwestern in Europa
1881	26. 4.	Mutter Pauline erkrankt an Lungenentzündung
	28. 4.	Empfang der hl. Sterbesakramente
	30. 4.	Mutter Pauline stirbt gegen 9 Uhr
	4. 5.	Ihre Leiche wird in der St.-Conradus-Kapelle beigesetzt

KANADA
OBERERSEE
MICHIGANSEE
HURONSEE
ERIESEE
ONTARIOSEE
Niagara-Fälle
ST. LORENZSTROM
MISSISSIPPI
MINNEAPOLIS
CHASKA
NEW UIM
LEMARS
WESTFALIA
ALBANY
SCRANTON
WILLIAMSPORT
NIPPENOSE VALLEY
WILKESBARRE
DANVILLE
POTTSVILLE
HARRISBURG
READING
PHILADELPHIA
ROME
NEWYORK
MELROSE
NEWARK
ELIZABETH
NORDAMERIKA

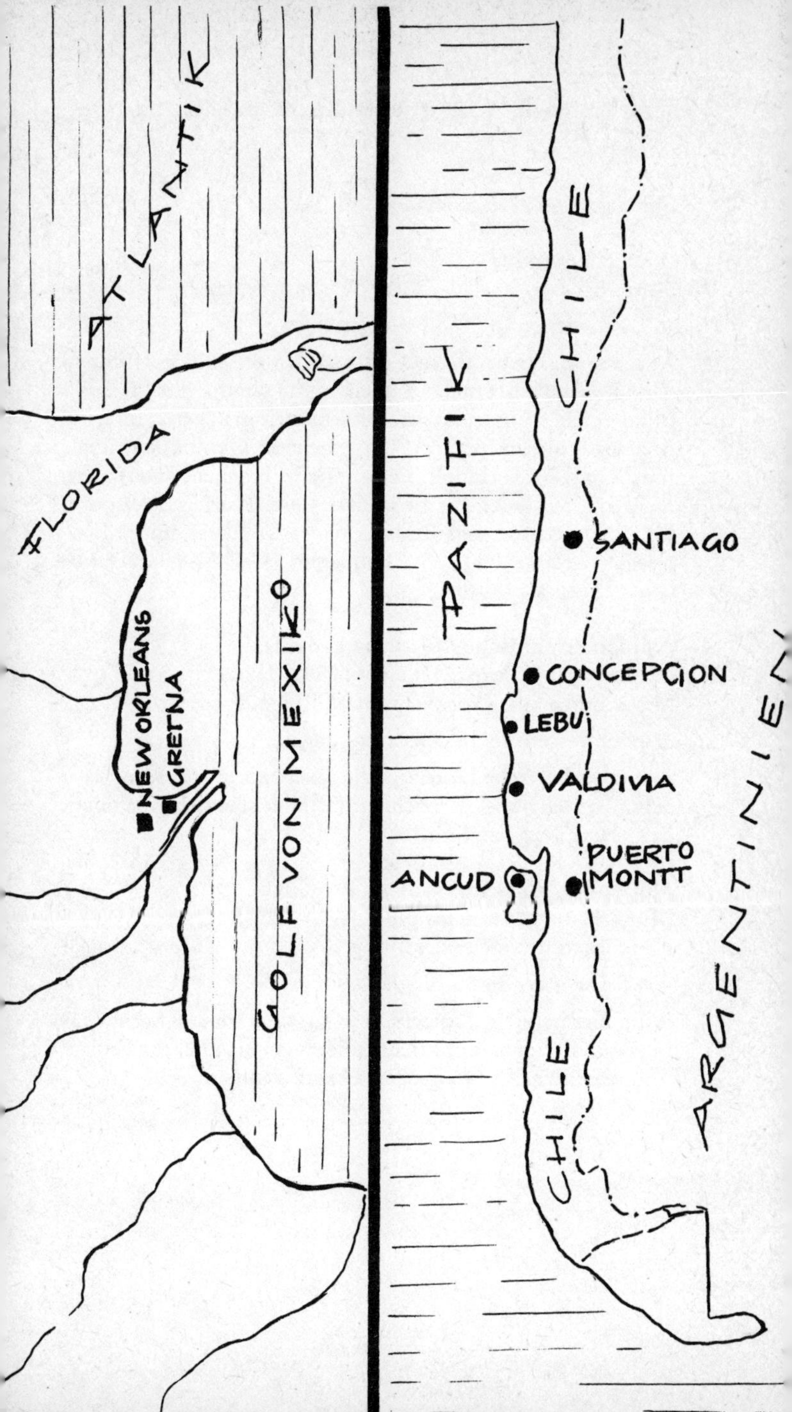
ATLANTIK
FLORIDA
NEW ORLEANS
GRETNA
GOLF VON MEXIKO
PAZIFIK
CHILE
SANTIAGO
CONCEPCION
LEBU
VALDIVIA
ANCUD
PUERTO MONTT
CHILE
ARGENTINIEN

Schwestern der Christlichen Liebe am 1. Januar 1980

Generalat: I-00166 Roma, Via di Boccea, 761.

Deutsche Provinz
Mutterhaus: 4790 Paderborn, Warburger Str. 2.

485 Schwestern in 28 Niederlassungen.

Aufgabenbereich: Betreuung und Unterricht der Blinden (Blindenschule für mehrfachbehinderte Kinder mit Internat, Blindenheim, Werkstätten; Blindenschriftdruckerei; Internationales Blindenzentrum); Unterricht an Gymnasien, Realschule und Fachschulen; Erziehung in Heimen, Internaten, Kindergärten (auch für Behinderte) und Horten; Seelsorgehilfe, Exerzitien- und Bildungshaus; Kranken- und Altenpflege (Krankenhäuser, Altenheime, Caritas-Pflegestationen); Haushaltsführung.

Nordamerikanische Westliche Provinz
Mutterhaus: Wilmette, Illinois 60091, USA,
Maria Immaculata Convent, 1041 Ridge Road.

270 Schwestern in 19 Niederlassungen.

Aufgabenbereich: Unterricht in Elementary and Secondary Schools, Religionsunterricht für Schüler staatlicher Schulen, Erziehung (ein Kinderheim).

Nordamerikanische Östliche Provinz
Mutterhaus: Mendham, New Jersey 07945, USA,
Mallinckrodt Convent, Hilltop Road.

431 Schwestern in 40 Niederlassungen.

Aufgabenbereich: Unterricht in Elementary and Secondary Schools, Religionsunterricht für Schüler staatlicher Schulen, Krankenpflege (2 Hospitäler), Exerzitienhaus.

Chilenische Provinz
Mutterhaus: San Bernardo, Chile, Südamerika, O'Higgins 676.

216 Schwestern in 22 Niederlassungen.

Aufgabenbereich: Unterricht in Elementarschulen, Gymnasien, Berufsschule; Erziehung in Kinderheimen, Kindergärten, Internaten; Seelsorgehilfe; Krankenpflege (Hospitäler und Ambulanz).

Uruguayisch-Argentinische Provinz
Mutterhaus: Montevideo, Uruguay, Südamerika,
Camino Castro 667.

101 Schwestern in 9 Niederlassungen.

Aufgabenbereich: Unterricht in Elementarschulen, Gymnasien, Handelsschule; Erziehung in Kindergärten; Exerzitienhaus.

PAULINE VON MALLINCKRODT